KB170851

416세월호
민변의 기록

416세월호
민변의 기록

초판 1쇄 발행 2014년 9월 22일
초판 2쇄 발행 2014년 9월 29일

지은이 민주사회를 위한 변호사모임(세월호 참사 진상규명과 법률지원 특별위원회)

책임편집 서한솔
책임디자인 유영준

펴낸이 이상순
주 간 서인찬
편집장 박윤주
기획편집 유명화, 주리아, 김설아
디자인 김혜림
마케팅 홍보 이상광, 이병구, 김태양, 박순주

펴낸곳 (주)도서출판 아름다운사람들
주소 (413-756) 경기도 파주시 회동길 103
대표전화 031-955-1001 **팩스** 031-955-1083
이메일 books777@naver.com
홈페이지 www.books114.net

생각의길은 (주)도서출판 아름다운사람들의 인문 브랜드입니다.

ⓒ2014, 민주사회를 위한 변호사모임
ISBN 978-89-6513-304-9 03300

파본은 구입하신 서점에서 교환해 드립니다.
이 책은 저작권법에 의하여 보호를 받는 저작물이므로 무단 전재와 복제를 금합니다.

이 책은 초판 1쇄의 내용을 보완하였습니다.

민주사회를 위한 변호사모임

416세월호 민변의 기록

머리말

박근혜 정부는 출범 이후 국민안전, 규제완화, 정부3.0[1], 공직자 부정부패 척결 등을 정부의 핵심 가치로 홍보해왔다. 그러나 이번 세월호 참사를 통해 국민안전과 공직자 부정부패 척결은 공허한 말뿐이었음이 드러났다. 박근혜 정부는 오히려 규제를 '암 덩어리'에 비유하며 무분별하게 규제를 완화하거나 폐지했고, 그 결과 최소한의 안전장치마저 해체하며 국민의 안전

----

1 정부기관이나 지방자치단체가 보유한 공공정보를 누구나 손쉽게 활용하고, 이를 통해 새로운 가치를 창조하자는 공공정보개방운동. 공공정보의 개방을 통해 정부의 운영 방향을 국민 개개인 중심의 양방향으로 전개하려는 국민 행복을 위한 기본 정책을 말한다.

을 위태롭게 만들었다. 국가재난관리 시스템을 재정비하겠다는 요란한 약속에도 불구하고 '규제=비용'이라 여기는 국정기조하에서는 처음부터 지켜질 수 없는 일이었다. 오히려 인적쇄신 없는 조직 개편과 충성도 기준의 낙하산 인사로 인해 국가재난관리 시스템은 무력화될 뿐이었다. 과거의 잘못된 관행을 척결하겠다고 공개적으로 언급했음에도 불구하고, 각 정부 관료들과 그들이 관리 감독해야 할 기관의 유착 관행은 오히려 심해졌다. 그 결과 박근혜 정부는 국민의 안전과 재난대응에서 과거 어느 정부보다 무능하고 무책임한 모습을 보이며, 세월호 침몰사고를 유례없는 '대참사'로 이어지게 했다. 우리는 지휘자 없이 그저 선박의 침몰을 지켜봐야 하는 무기력하고도 부끄러운 대한민국의 현실을 마주해야만 했다.

세월호 참사는 결코 단순한 교통사고나 조류독감 같은 전염병이 아니다. 그것은 '돈'과 '권력'을 성공의 잣대로 평가하고, 사람의 안전과 생명마저 비용의 문제로 취급해온 정부의 정책과 제도 그리고 그에 편승한 기성세대가 빚어낸 사회구조적 재앙이다. 선박의 침몰은 기업과 이를 감독할 국가기관이 결탁한 부조리와 부패의 결과일 뿐 원인일 수는 없다.

침몰 사고 후 이어진 대형 참사는 국민의 안전보다 기업의 이윤 추구과 효율을 옹호하는 극히 친자본적인 정부의 인명경

시정책이 부른 참혹한 결과이다.

따라서 우리가 우려하는 것은 선장과 선원, 청해진해운, 부조리와 관련된 일부 공무원 그리고 침몰 후 구조에 투입된 해양경찰(이하 해경)의 위법 행위 처벌로 세월호 사태를 덮으려는 시도이다. 참사로 희생된 피해자들에 대한 보상과 사후 조치로 사태를 무마하는 것으로는 안정과 생명을 등한시한 구조적 원인을 제거하고 올바른 대안을 마련할 수 없다. 철저히 진상을 규명하여 구조적 원인을 시정하고, 그 원인을 만들어온 책임자를 처벌하지 않는 한 세월호 참사는 다른 곳에서 또 다른 형태로 재발될 수밖에 없고, 안전한 사회를 만들어야 한다는 4·16의 값비싼 교훈은 물거품이 될 수밖에 없다.

재해를 예방하고 그 위험으로부터 국민을 보호하는 것은 헌법이 국가에게 부여한 가장 기본적인 임무이자 명령이다(헌법 제34조 제6항). 따라서 수백 명의 국민을 수장시킴으로써 헌법적 임무를 방기한 정부와 국가기관에 대해 진상을 조사하여 책임을 묻는 것은 그 자체로 헌법적인 요구이다. 철저한 진상규명으로 세월호 참사의 구조적 배경과 근본 원인을 밝히고, 모든 잘잘못과 책임을 가려내야 한다. 이는 안전한 대한민국을 만들기 위해 반드시 거쳐야 할 산고의 과정이다.

이 책을 출판하게 된 동기는 세월호 참사에 이르게 된 근본적인 배경과 원인을 제시함으로써, 지엽말단적인 수사나 꼬리 자르기식 처벌로 세월호 사태를 덮으려는 시도를 견제하고 철저한 진상규명을 위한 방향을 제시하고자 함에 있다. '민주사회를 위한 변호사모임(이하 민변)'은 세월호 참사에 대한 철저한 진상규명과 피해자들을 지원하기 위하여 '세월호 참사 진상규명과 법률지원 특별위원회(이하 민변 세월호 진상규명 특위)'를 구성했다. 그 후 민변 세월호 진상규명 특위는 세월호 참사 진상규명을 위한 17대 과제를 제시하고, 2권의 검토 보고서(5월 29일 중간 검토 보고서, 7월 21일 기관 보고에 대한 검토 보고서)를 작성하여 발표한 바 있다. 민변 세월호 진상규명 특위는 위 결과물을 토대로, 독자들이 좀 더 쉽게 세월호 참사의 진상과 원인을 향해 입체적으로 접근하는 데 도움이 되고자 이 책을 출판하기로 했다.

물론 조사권이 없는 민간단체로서의 한계와 시간 제약으로 인해 부족한 부분이 많을 것이다. 하지만 세월호 참사와 같은 대형 재난 앞에 정부는 왜 이렇게 무능하고 무책임한지, 그리고 이후에 남은 과제는 무엇인지 국민들이 조금이나마 더 알게 되기를 바랄 뿐이다. 한 단계 높은 진상규명을 위해 이 책이 디딤돌로 활용될 수 있기를 바란다. 이 책의 집필과 검토에는 민변 세월호 진상규명 특위의 여러 위원이 참여하여 의견을 개진해주었다. 특히 박인동 변호사의 역할은 집필에서 편집에 이르기까지 절대적이었다. 또한 함께 집필에 참여한 조영관 변호사, 손명호 변호사에게도 이 자리를 빌려 진심으로 감사드린다.

지난 7월 28일과 29일, 선원 재판의 증인으로 출석한 안산 단원고등학교 생존 학생의 마지막 진술은 세월호 참사를 대하는 우리에게 중요한 시사점을 던지고 있다.

"선원들에 대한 처벌보다 더 원하는 것은, 왜 친구들이 그렇게 돼야 했는지 그 근본적인 이유를 알고 싶다."

아이들이 가장 원하는 것은 보상도 부분적인 처벌도 아니었다. 다만 왜 친구들이 죽어야 했는지, 그 이유와 진실을 알고 싶다는 것이다. 이제 우리 사회가 아이들의 질문에 답해야 할 차례이다.

세월호 진상규명 특별법 제정을 위해 국회, 광화문, 청와대에서 온갖 고생을 마다하지 않고 투쟁 중인 세월호 참사의 피해자 가족분들에게 존경과 연대의 마음으로 이 책을 바친다.

2014년 9월 15일

민변 세월호 진상규명 특위 위원장 권영국

차례

4장. REMEMBER 416세월호 —————— 161

부록   191

1장

또 다른 대한민국,
세월호의 침몰

출항에서 침몰까지,
비극의 14시간

2014년 4월 15일 화요일 오후 9시경, 인천에서 제주도로 향하는 카페리(car ferry, 여객과 자동차를 싣고 운항하는 배) 세월호는 승객 447명과 승무원 29명, 총 476명을 태우고 인천항을 출발했다. 승객 중에는 제주도로 수학여행을 가는 안산 단원고등학교 2학년 학생 325명과 교사 15명도 함께 탑승했다.[2] 세월호는 오후 6시 30분에 출발할 예정이었으나, 인천항의 짙은 안개로 출항 허가를 받지 못하다가, 2시간이 지난 오후 9시경이 되어

---

2 안산 단원고등학교 학생들은 원래 오하마나호에 탑승하도록 되어 있었으나 세월호 탑승으로 변경되었는데, 그 이유도 해명되어야 한다.

뒤늦게 출항 허가를 받았다.

　출항 다음 날인 4월 16일 오전 8시 48분, 전남 진도군 병풍도 북방 1.8마일(약 2.9킬로미터) 해상(맹골수도)을 지나던 세월호는 오전 8시 52분경 135도에서 145도로 항로를 변경하던 중, 돌연 좌현으로 약 30도가량 기울었다.[3] 그리고 10시 17분경 108.1도까지 기운 뒤, 11시 18분에 선수(船首, 배의 앞부분)의 일부만 남기고 바다 밑으로 침몰되었다.

　지금까지 확인된 세월호의 침몰 당시 상황을 살펴보면, 선체가 처음 기울기 시작한 오전 8시 52분에 단원고등학교 2학년 고(故) 최덕하 학생이 최초로 전남소방본부 119상황실에 세월호 침몰사고를 알리는 신고 전화를 했다. 오전 8시 54분경 전남소방본부 상황실은 목포해양경찰서에 접수받은 사고 신고 내용을 전달했다. 잠시 뒤인 오전 8시 55분, 세월호의 강원식 1등 항해사는 제주 해상교통관제센터(VTS)에 "본선 위험합니다. 지금 배 넘어갑니다"는 내용의 구조 요청을 했다.

　여기서 한 가지 의문이 생긴다. 세월호는 사고 당시 진도 병풍도 앞을 지나고 있었다. 연안을 오가는 여객선의 안전운

3　뉴시스, 〈시간대별 기울기 복원, 해경 과실 입증되나〉, 2014. 5. 15. / 뉴시스, 〈전문가 "세월호 30도 이상 기운 원인은 화물 탓"〉, 2014. 9. 16.

항을 위해 전국적으로 총 17곳에 VTS가 설치되어 있으며, 진도 맹골수도 해역 가까운 곳에는 진도 VTS(전라남도 진도군 임회면 남동리 소재)가 있다. 그런데도 세월호는 왜 멀리 떨어진 제주 VTS에 구조 요청을 한 것일까?

이유는 우리나라 VTS가 하나의 시스템으로 운영되고 있지 않기 때문이다. 총 17개의 센터 중 15곳은 항구 근처에 설치되어 있는 '항만' 관제센터이고, 나머지 진도와 여수 두 곳은 이른바 '연안' 관제센터이다. 항만 관제센터는 항구와 항구 사이를 오가는 여객선의 항로를 관리하고, 연안 관제센터는 해당 연안을 지나는 여객선을 관리한다. 소속도 다르다. 항만 관제센터는 해양수산부 산하의 지방해양항만청 소속이고, 연안 관제센터는 해양경찰청 소속이다. 인천을 출발하여 제주도로 향하던 세월호는 주로 항만 관제센터인 제주 VTS와 교신을 해왔기 때문에, 사고 당시 제주로 구조 요청을 한 것이라고 추정된다.

이원화된 해상교통관제 시스템은 이번 세월호 참사에서 치명적인 결함을 드러냈다. 세월호가 제주 VTS로 구조 요청을 한 시간은 오전 8시 55분이었다. 이후 진도 VTS와 세월호가 처음으로 교신한 시간은 오전 9시 6분으로, 11분이 지난 후였다. 관할이 서로 다른 제주 VTS와 진도 VTS가 유기적인 연락 체계를 갖추지 못해, 선박사고의 골든타임(golden time, 사고나 사건에서 인명구조에 필요한 절대 시간)인 사고 직후 30분 중 3분의 1 이상이 허비된 셈이다.

진도 VTS가 관할수역을 지나던 세월호에 대한 관제업무를 방기해버린 행위 또한 결코 간과할 수 없는 대목이다. 진도 VTS의 내부 규정상 관제구역을 지나가는 총 300톤 이상의 모든 선박(어선 제외)은 선명, 호출 부호, 항행 계획, 목적지, 적재 화물, 기타사항을 의무적으로 보고해야 한다. 하지만 세월호는 진도 VTS에 어떠한 보고도 하지 않았고, 진도 VTS 역시 보고를 요청하지 않았다. 관제구역에서 400여 명의 승객을 태운 여객선이 표류하다 침몰하는 사고가 발생했지만 진도 VTS는 그 상황을 전혀 알지 못했다. 결국 세월호가 항로를 이탈하여 왼쪽으로 기울기 시작하고 한 탑승객이 이 사실을 신고하기 전까지 세월호의 위험 상황은 전혀 알려지지 못했다.

승객의 119 신고를 통해 상황을 처음 인지한 목포해양경찰서는 사고현장으로 헬리콥터 1대와 경비정 1척을 출동시켰다. 목포해경 소속의 헬리콥터(B-511)는 9시 30분에 현장에 도착했고, 100톤 급 연안 경비정(123정)은 오전 9시 35분에 도착했다.

사고현장에 도착한 해경이 보여준 모습은 더 납득하기 어려웠다. 해경은 기울어진 채 침몰하는 배의 선수로 접근해 조타실에 있던 선원들을 우선 구조했다. 모든 여객선의 경우 승객들이 오가는 출입구는 선미(船尾, 배의 뒷부분) 쪽에 있음에도, 해경은 선미로 가지 않고 선장실과 조타실로 연결된 출구가 있는 선수 쪽에서 선원들을 먼저 구조했다. 배의 내부를 가장 잘 알고 마지막까지 승객을 구조할 의무가 있는 선장과 선원들은 승객들에게 "가만히 있으라"는 방송만 하고 제일 먼저 탈출했다. 해경은 그 선장과 선원들부터 구조했던 것이다.

세월호의 침몰 과정에서 가장 큰 문제는 배가 기울고 있음에도 불구하고 승객들에게 단 한 번의 퇴선 명령과 퇴선 조치를 하지 않았다는 점이다. 배가 침몰하는 경우의 상식적인 탈출 방법은 구명조끼를 착용한 채 선실에서 퇴실하여 사방이 트인 갑판이나 선상으로 올라가는 것이다. 하지만 세월호는 선체가 점점 기울어 다시 복원되기 어려운 상황에서도 승객들에게 그저 "가만히 있으라"는 선내 방송만 반복했을 뿐이다.

검찰의 공소장[4] 기재에 따르면 세월호는 사고 발생 약 30분이 지난 오전 9시 34분경 왼쪽으로 약 52.5도 기울어졌다. 오전 9시 35분에는 52.9도, 오전 9시 40분에는 55.3도로 점점 더

---

4 광주지방법원 2014고합180 사건.

심하게 기울다가 오전 10시 10분에는 77.9도, 10시 17분에는 108.1도로 기울었다. 선체가 가파르게 기울어진 상태에서도 아이들에게 "가만히 있으라"는 안내 방송만을 해대는 선원들과, 소방 호스와 커튼을 던져 아이들을 구조하고 있는 승객의 등 뒤에서 그저 물끄러미 구경만 하고 있는 해경구조단의 모습은 가히 충격적이다.

| 시간대별 세월호 침몰 상황 |[5]

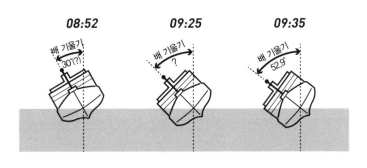

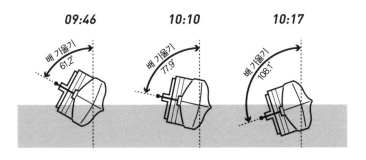

시간	배 기울기	주요 상황	
08:52	30°(?)	엔진 정지 및 조류 영향을 받아 우측 방향으로 타원형을 그리면서 이동하다 멈춤	최모 군, 119에 최초로 사고 신고
09:25	?	제주 VTS의 "선장이 판단해 인명 탈출시키라"는 교신 묵살	
09:35	52.9°	조타실 내 선원들, 기관실에서 올라온 선원들과 함께 대기	학생들, 객실에서 구조대기
09:46	61.2°	선장 및 선원들, 조타실 앞에 도착한 경비정에 신분 밝히지 않고 탑승	해경, 구명뗏목 펼치려다 실패
10:10	77.9°	학생들, 대기하라는 안내 방송에 따라 계속 선내에서 구조대기	
10:17	108.1°	선체 완전히 전복 단원고 학생 '지금 더 기울어'라는 마지막 메시지 전송	

배가 90도 가까이 기울어 출입구가 천정이 되어버린 오전 10시 10분까지, 세월호의 선원들과 선장은 "가만히 있으라"는 선내 방송만 반복했다. 배가 기울기 시작하고 약 1시간 20분이 지난 오전 10시 17분, '배가 기울고 있어, 엄마 아빠 보고 싶어'라는 단원고 학생의 마지막 카카오톡 메시지가 발신되었다. 이로부터 약 2시간이 지난 오전 11시 18분경, 세월호는 선수 일부만 남기고 뒤집어진 상태로 완전히 침몰했다.

----
5 연합뉴스, '시간대별 세월호 침몰 상황'(그래픽), 2014. 5. 15.

오전 9시 35분 / 오전 9시 45분 / 오전 9시 55분 / 오전 10시 17분

배가 완전히 침몰할 때까지 현장에 있었던 해경은 무엇을 했던 것일까? 작업 일지에는 당시 123정이 함정에 장착된 외부 방송 장비(대공 방송 장비)를 이용하여 세월호를 향해 "선체 외부로 탈출하라"는 방송을 했다고 기록되어 있었으나, 이는 거짓이었다. 검찰 수사 과정에서 사고 당시 123정의 탈출 방송은 없었으며, 초기 구조 부실이 문제될 것을 우려한 정장의 지시로 기존의 작업 일지를 찢어내고 사후 조작한 사실이 밝혀졌다.[7] 지난 8월 13일 세월호 선장과 선원의 형사재판에서 증인으로

---

6 2014년 4월 27일 해경이 제공한 동영상 자료이다.
7 YTN 뉴스, 〈'탈출 방송 했다'는 해경 123정의 거짓말〉, 2014. 7. 30.

출석한 목포해경 123정 정장 김모 경위는 "세월호 진입 지시를 깜박 잊었다"는 어처구니 없는 증언을 하기도 했다.

| 세월호 시간대별 구조 진행 상황 |

08:52	전남소방본부 119상황실 고 최덕하 단원고 2학년 학생 최초 침몰 신고 전화 접수
08:54	전남 119, 목포해양경찰서에 접수받은 사고 신고 내용 전달 강원식 1등 항해사, 제주 VTS에 구조 요청
08:55	"본선 위험합니다. 지금 배 넘어갑니다"
09:06	세월호, 진도 연안 VTS와 첫 교신
09:30	목포해경 헬기 B-511 사고현장 도착, 32분에는 제주해경 헬기 B-513 도착
09:35	목포해경 123 경비정 사고현장 도착
10:17	단원고 학생 마지막 카카오톡 메시지 발신, '배가 기울고 있어, 엄마 아빠 보고 싶어'
11:18	세월호 선수 일부만 남기고 침몰

총 탑승자 476명 중 배가 기울기 시작한 초기에 서둘러 탈출하거나 갑판으로 올라갔던 생존자 172명을 제외하고, "가만히 있으라"는 선내 방송을 따랐던 대부분의 승객이 기울어진 선내에 대기하다가 갇히면서 총 304명이 사망하거나 실종되는 한국전쟁 이래 최악의 대참사가 발생한 것이다.

세월호는
어떤 배였나?

세월호는 1994년 일본의 하야시카네 나가사키 조선소(현 후쿠오카 조선소)에서 만들었다. 건조 당시 총 톤수[8]는 6,647톤, 최대 승선인원은 840명으로 일본 가고시마와 오키나와 사이의 작은 섬들을 연결하던 여객선이었다. 이름은 '나미노우에호'였으며 약 18년간 운행했다. 일반적으로 배의 선령(船齡, 새로 만든 배를 처음으로 물에 띄운 때로부터 경과한 햇수)이 20년을 넘어서면 노후 선박으로 분류한다. 해양 국가인 일본에서는 조선소와 선

----

8 선박 크기를 나타내는 지표. 선박 내부의 부피 크기나 적재 능력을 비교할 때 사용한다.

박기자재업체, 금융·해상보험 등 선박 시장 참여자들의 압력으로 선령이 10~15년쯤 되는 선박의 해외 매각을 장려하고 있다.[9] 이 과정에서 중고 선박을 대거 유입하는 곳이 한국이다.

| 침몰 세월호 증설 전후 화물중량 비교 |[10]

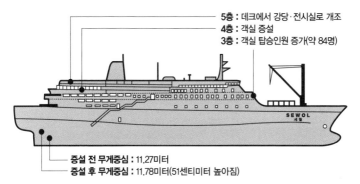

5층 : 데크에서 강당·전시실로 개조
4층 : 객실 증설
3층 : 객실 탑승인원 증가(약 84명)

증설 전 무게중심 : 11.27미터
증설 후 무게중심 : 11.78미터(51센티미터 높아짐)

		증설 전	증설 후
증설 전후 여객 및 재화중량 비교	순수 여객 탑승인원	804명	921명(117명 증가)
	재화중량(DWT·화물 총 중량)	3,981톤	3,794톤
	경화중량(순수 선박중량)	5,926톤	6,113톤
한국선급 (KR) 구조 변경 승인 시 조건	복원성 유지 가능한 여객 중량	88톤	83톤
	복원성 유지 가능한 화물량	2,437톤	987톤
	복원성 유지 가능한 평형수	1,023톤	2,030톤

9   한겨레신문, 〈돈이 곧 매뉴얼이 된 한국사회〉, 2014. 5. 14.
10 연합뉴스, '침몰 세월호 증설 전후 화물 중량 비교'(그래픽), 2014. 4. 22.

청해진해운은 일본에서 운항되던 나미노우에호를 115억 상당을 주고 수입했다. 그리고 2012년 10월 22일 인천지방해양항만청에 선박의 명칭을 '세월호'로, 선적항을 인천광역시로 하여 신규 수입 등록을 마쳤다. 대한해협을 건너온 나미노우에호는 2012년 10월 전남 목포에 있는 조선소에서 넉 달 동안 증개축 공사를 했다. 더 많은 승객과 화물을 싣기 위하여 낡은 배에 추가로 선실을 만들었다. 그 결과 탑승 가능한 전체인원은 117명이 증가한 921명이 되었으며 경하중량[11]은 6,113톤으로 늘었다. 반면 복원성 유지가 가능한 화물량은 2,437톤에서 987톤으로 대폭 감소했다.

청해진해운은 개조한 세월호를 독점 운항 구간인 인천-제주 항로에 투입했다. 이명박 정부 시절 연안여객선의 선령을 최대 30년까지 연장하는 법이 통과되어 선주들은 10년 가까이 이윤을 챙기게 되었지만, 청해진해운은 더 빨리 더 많은 이윤을 챙기고자 했다.

한겨레신문의 보도에 따르면 세월호의 선장 이준석 씨는 퇴직 후 아파트 경비원을 하고 있었다고 한다.[12] 선장의 급여를

---

11 순수 선박 중량. 선체, 기관, 항해기구, 비품 등을 포함한 총 중량을 의미한다.
12 한겨레신문, 〈돈이 곧 매뉴얼이 된 한국사회〉, 2014. 5. 14.

최대한 줄이기 위해서 청해진해운은 이준석 씨를 정규직이 아닌 계약직(촉탁직) 선장으로 고용했다. 한 달 급여는 270만 원 수준으로, 외항선 선장들의 평균 임금(690만9,000원)의 절반에도 미치지 못하는 낮은 금액이었다.[13] 선원들의 신분도 마찬가지였다. 갑판부와 기관부 선원 17명 가운데 12명이 4개월에서 12개월짜리 단기 계약직이었다. 정규직을 최소화하고 언제든 해고할 수 있는 저임금의 비정규직들을 채용하면서 회사는 매달 수천만 원의 임금을 챙길 수 있었다. 하지만 승객들의 안전에 대한 위험성은 점점 더 커졌다.

과적도 일상이었다. 검찰수사에 따르면 세월호는 이번 사고가 일어날 때까지 인천-제주 노선을 240차례 운항하면서 138회 이상 과적을 했다. 이를 통해 청해진해운은 30억 원의 추가 수익을 얻었다.[14]

배는 점점 위험해졌다. 세월호는 선원들 사이에서 언제 넘어갈지 모르는 배였다. 선원들에 대한 영장실질심사 과정에서 이들은 한목소리로 "세월호는 복원력이 없는 배"라고 말했다.[15] 결국 세월호는 무리하게 화물을 싣고 유속이 빠른 맹골수도를

---

13 시사IN, 〈세월호 선장은 '1년 단위 계약직'〉, 2014. 4. 30.
14 한겨레신문, 〈돈이 곧 매뉴얼이 된 한국사회〉, 2014. 5. 14.
15 YTN 뉴스, 〈영장심사 마친 선원 '복원력이 없는 배라서…'〉, 2014. 4. 22.

지나다 갑자기 한쪽으로 기울어 전복되었다.

하지만 화물 과적과 안전규칙 무시는 연안항을 왕래하는 모든 여객선들에게서 공통적으로 드러나는 문제이다. 여전히 우리의 연안에는 제2, 제3의 세월호가 안전을 위협받으며 오늘도 바다 위를 떠다니고 있다.

세월호 참사 그 후,
그들을 기다리며

사고가 발생한 지 벌써 여러 달이 지났다. 2014년 9월, 총 탑승자 476명 중 생존자는 172명, 사망자는 294명, 아직까지 돌아오지 못한 실종자도 10명이나 된다. 아직도 실종자들의 가족은 여전히 진도 팽목항에서 매일 바다를 향해 기도하고 있다.

참사의 결과는 너무 끔직했다. 탑승자들의 직군별 생존자와 사망자 숫자를 살펴보면 그 문제점은 보다 분명해진다. 선장을 비롯한 선박직 승무원들[16]은 사고 초기 모두 탈출하여 100

---

16 세월호 내 선박직 승무원은 선장 1명, 1·2·3등 항해사 4명, 조타수 3명, 기관장·기관사 3명, 조기장·조기수 4명으로 구성되어 있었다.

퍼센트 생존율[17]을 보였던 반면, 가만히 있으라는 방송만을 믿고 선내에서 구조를 기다렸던 단원고 학생과 교사 들의 생존율은 각각 23퍼센트, 14퍼센트에 불과하여 극명한 대조를 이룬다. 세월호 전체 승무원은 전체적으로 69퍼센트가 생존하였는데, 이는 단원고 학생들의 생존율 23퍼센트의 3배에 달하는 수치이다.

| 탑승자의 직군별 생존자와 사망자 수 |

	총수	단원고 학생	교사	선박직 승무원	서비스직 승무원[18]	일반 승객
탑승자	476명	325명	14명	15명	14명	108명
구조자	172명	75명	2명	15명	5명	75명
사망·실종	304명	250명	12명	0명	9명	33명
생존율	36%	23%	14%	100%	36%	70%

　　유가족들에게 철저한 진상규명을 위한 특별법 제정을 통해 한을 풀어주겠다고 약속했던 청와대와 새누리당은 시간이 지나면서 태도를 바꾸기 시작했다. 언제든 찾아오라던 박근혜

----

17 이와 대조적으로 마지막 순간까지 학생들의 탈출을 돕다가 유명을 달리했거나 실종된 승무원은 서비스직 승무원이었다.
18 승객 서비스를 총괄하는 조리장과 사무장, 여승무원, 아르바이트생으로 구성되어 있었다.

대통령 역시 유가족들의 면담 요구를 거절했고, 정부와 여당은 특별법이 사법체계를 뒤흔든다며 수용 불가 입장을 고수하고 있다. 결국 유가족들은 성역 없는 진상규명을 요구하며 청와대 앞과 광화문에서 노숙 농성을 시작했다.

세월호 참사로 사랑하는 딸 유민이를 떠나보낸 '유민 아빠' 김영오 씨는 세월호 진상규명을 위한 특별법 제정을 요구하며, 40일 넘게 광화문광장에서 단식을 했다. 매일 수백 명의 시민들이 광화문 단식 농성장을 찾아 릴레이 단식을 함께했다. 김영오 씨는 단식 46일째인 8월 28일에 단식을 중단하고, 다시 긴 싸움을 준비하고 있다.

세월호 참사에서 가장 중요한 것은 보상이 아니라 사건의 진상을 명백하게 밝히는 것이다. 그렇게 밝혀진 사실을 토대로 올바른 대안을 마련해 다시금 이러한 참사가 재발하지 않도록 해야 한다. 이것이야말로 억울하게 숨진 희생자들에 대한 최소한의 예우이자 남은 사람들의 책임과 의무이다.

2장

검찰의 주장은
믿을 만한가?

검찰이 말하는
침몰 원인

검경 합동수사본부는 지난 5월 15일 세월호 사고의 원인을 다음과 같이 크게 3가지로 파악 중이라고 발표했다.

첫째, 청해진해운이 2012년 일본에서 수입한 세월호를 수리·증축하는 과정에서 좌우 불균형이 발생하는 등 복원성에 심각한 문제가 발생했다.

둘째, 사고 당일 세월호에 최대 화물적재량인 1,077톤의 2배인 2,142톤의 화물을 실었고 평형수[19]는 1,308톤을 줄였다.

---

19 선박 복원력을 위해 배의 밑바닥에 채우는 물. 배의 균형을 잡아준다.

마지막으로 화물차, 컨테이너 등을 선체에 제대로 고박(固縛, Lashing)[20]하지 않았다는 점이다.[21]

이러한 상황에서 험난한 항로인 맹골수도를 통과할 때 선박 조종을 직접 지휘해야 하는 선장이 선실을 이탈했다. 상대적으로 경험이 적은 3등 항해사[22]와 조타수[23]가 급격하게 항로를 바꾸면서 선박이 15도 틀어졌고, 그 결과 선박이 기울어 침몰하게 됐다고 합동수사본부는 밝혔다.[24] 즉 급격한 변침(방향 전환)으로 과다 적재된 화물이 좌현으로 쏠리면서 균형을 잃고, 평형수 부족으로 복원력이 떨어진 선체가 강한 조류에 표류하면서 침몰했다는 것이다.

하지만 여전히 세월호 침몰의 정확한 발생 시각과 원인이 철저하게 규명되지 않은 채 여러 가지 의혹을 낳고 있다. 사고 초기 진도 VTS의 기록 조작, 선박자동식별장치(AIS, Automatic Identification System)[25] 항적도의 누락 의혹 등으로 인해 합동수사

----

20 선박 내에서 컨테이너. 화물. 차량 등이 움직이지 못하도록 네트, 와이어, 로프, 쇠사슬 등을 이용하여 선박의 바닥에 고정하는 것을 말한다.
21 조선일보, 〈합수부, 세월호 침몰 원인 3가지로 압축〉, 2014. 5. 15.
22 항해하는 선박의 항로를 결정하고 안전항해·선원의 의료업무 및 해상운송 등 갑판업무의 전반적 업무를 수행하는 사람이다.
23 선박의 방향을 바꾸기 위해 사용하는 키(舵)의 조작을 담당하는 사람이다.
24 조선일보, 〈합수부, 세월호 침몰 원인 3가지로 압축〉, 2014. 5. 15.
25 배의 이름, 배가 나아가는 방향 등 운항 정보를 타 선박 또는 육상에 실시간으로 자동 제공하는 장치. 'AIS 항적도'는 AIS로 추적한 배의 항로를 의미한다.

본부가 파악한 사고 원인에 더욱 큰 의문이 제기되고 있다. 검찰이 파악한 침몰 원인은 다음과 같다.

선박 복원성[26]에 영향을 미친 세월호의 증개축

청해진해운이 세월호의 정식 운항 전, 여객실과 전시실을 설치하고 카램프(car ramp, 차량을 지탱하는 통행로와 유압장치 등의 설비)를 철거하는 등 선박을 증개축하는 과정에서 복원성이 크게 악화되었다.

〈광주지방법원 2014고합180 - 검찰 공소장 기재 내용 중〉

(…) 청해진해운은 2012년 10월경부터 2013년 2월경까지 전남 영암군에 있는 (주)CC조선에서 세월호 B데크의 선미 부분을 철거하고, A데크의 선미 2.8미터, 갑판 5.6미터, 천정 1.6미터를 연장하여 생긴 공간을 2개 층으로 만들어 하층은 여객실로, 상층은 전시실 등으로 개조하고, 선수 우현의 카램프 40톤 상당을 철거하는 등의 수리 및 증축 공사를 하였다.

그 결과 세월호의 총 톤수는 239톤 증가, 경하중량은 187톤 증

---

26 수면에 평형상태로 떠 있는 선박이 파도나 바람 등 외력에 의하여 기울어졌을 때 원래의 평형상태로 되돌아오려는 성질을 의미한다.

가, 재화중량[27]은 187톤 감소, 승선인원이 116명 증가하면서 무게중심이 51센티미터 올라갔다. 이 때문에 세월호가 무게중심을 낮추어 복원성을 유지하면서 안전 항해를 하기 위해서는 기존보다 적재 가능 화물을 1,450톤 감소시키고, 대신 평형수를 1,333톤 증가시켜야 해 결국 총 1,077톤의 화물만을 적재할 수 있었다. 특히 카램프 철거 시 선수 우현에 30톤 상당의 중량을 추가하거나 좌현에 30톤 상당의 중량을 감축하지 않아 좌우 불균형이 심화됨으로써 복원성에 중대한 영향을 미치게 되었다. (⋯)

세월호 선원들의 교육훈련을 무시한 청해진해운

청해진해운은 안전관리 담당자가 수립한 교육 계획을 토대로 하여 선박 직원의 교육 계획을 수립하고 교육을 시행하여야 할 법적 의무가 있었으나 규정대로 실시하지 않았다.

〈광주지방법원 2014고합180 – 검찰 공소장 기재 내용 중〉

(⋯) 해운법에 근거한 청해진해운의 운항관리규정에 따라 안전관리 담당자는 선박 관련 종사자에 대한 교육 계획을 수립·시행하여 분기 1회 이상 교육을 실시하여야 하고, 선장은 선사 안전

---

27 화물을 싣지 않은 상태(경하 상태)에서 선박에 실을 수 있는 화물의 총 중량을 의미한다.

관리 담당자의 교육 계획을 토대로 선박 직원의 교육 계획을 수립·시행하여 비상시에 대비한 선내 비상훈련을 매 10일마다 실시하여야 하며, '해상인명 안전훈련 및 대응훈련'은 매 10일, '해양사고 대응훈련' 중 선체 손상 대처훈련, 인명사고 시 행동요령은 매 6개월, 비상조타훈련은 매 3개월, '기름유출 대처훈련'은 매월 실시하여야 한다.

그럼에도 불구하고 청해진해운은 평소 세월호 선원에 대한 안전교육 및 해양사고훈련을 규정대로 실시하지 않았다. (…)

이윤만 추구하는 무리한 화물 적재

복원성 유지를 위한 화물 최대 적재치를 크게 초과하여 적재했고, 이 과정에서 선내의 허가받지 않은 여객구역에도 적재를 하였으며, 화물 고박 시 지켜야 할 관련 규정 또한 준수하지 않았다.

〈광주지방법원 2014고합180 – 검찰 공소장 기재 내용 중〉

(…) 청해진해운이 선박안전법 제28조에 의하여 해양수산부 장관으로부터 승인을 받은 복원성 자료에 의하면, 세월호가 최대한 적재를 할 수 있는 재화중량 톤수는 3,794톤이고, 복원성을 유지하면서 적재할 수 있는 화물의 최대치는 1,077톤이었으므

로, 세월호가 만재흘수[28] 6.264미터를 유지하면서 최대 1,077톤의 화물을 적재하기 위해서는 평형수 1,565.8톤, 연료유 560.9톤, 청수 290.9톤을 적재하고 출항하여야 한다. (…) 그럼에도 불구하고 세월호는 인천에서 제주까지 1항차당 유류 대금 등의 비용만 약 6,000만 원이 소요되므로 적자를 면하기 위해서는 최대한 화물을 많이 실을 수밖에 없는 상황이었기 때문에, 피고인 강○○(1등 항해사)은 세월호에 위와 같은 기준보다 평형수 804.6톤, 연료유 3652.52톤, 청수 140.9톤 등 모두 1,308.02톤을 대폭 감축하여 평형수 761.2톤, 연료유 198.38톤, 청수 150톤만을 적재하는 방법으로 그만큼의 화물을 더 적재하고, 피고인 이○○(선장)은 과적 여부에 대한 점검을 하지 않아 화물이 과적되도록 하였다. (…) 그 결과 (…) 모두 2,142톤 상당의 화물을 적재하여, 복원성 자료에 기재된 적재 가능한 화물 최대치 1,077톤에서 1,065톤 초과한 화물을 적재하였다.

한편 화물은 운항관리규정 첨부 차량적재도 및 화물고박장치도에 정해진 방법으로 적재하고, 항해 시 화물이 흔들리지 않도록 고박을 하여야 한다. 화물의 고박업무를 담당하는 피고인 강

----

28 '흘수'는 배가 물 위에 떠 있을 때 물에 잠겨 있는 부분의 깊이를 의미하며, '만재흘수'는 안전 항해를 위해 허용되는 최대 적재량을 실은 상태에서 선체가 물속에 잠기는 깊이를 말한다.

○○(1등 항해사)은 우련통운[29]의 현장 감독자를 통하거나 자신이 직접 현장 인부들에게 화물의 고박 방식을 적절히 지시하여 적재된 화물이 항해 중 움직이지 않도록 규정대로 고박한 뒤, 화물의 적재 및 고박 상태에 대하여 피고인 이○○(선장)에게 보고하여 필요한 조치를 취해야 하고, 피고인 이○○(선장)은 화물의 고박이 규정대로 되었는지 점검하여 안전운항에 지장을 줄 수 있다고 판단되면 필요한 조치를 취해야 하고, 출항 전에 〈출항 전 안전점검 보고서〉를 작성한 뒤 이를 운항관리자에게 제출하여 확인을 받은 후 출항하여야 한다. 그럼에도 불구하고 피고인 강○○(1등 항해사)은 청해진해운 물류 담당 김○○ 등이 현장 인부들에게 화물을 무조건 많이 적재하고, 컨테이너는 2단 컨테이너 상단을 로프로 둘러 묶는 방법으로만 고박하고, 차량은 라싱밴드(lashing band)를 앞뒤로 한 가닥가량만 사용하여 고박하라는 취지로 지시하는 것을 알고 있음에도 이를 묵인하였다. (…) 그 후 피고인 이○○(선장)은 위와 같이 부실하게 고박된 화물에 대하여 점검하지 않은 채 3등 항해사인 피고인 박○○에게 위 안전점검 보고서의 작성을 모두 위임하였다. (…)

----

29 청해진해운으로부터 적재·고박업무를 수주한 고박업체이다.

선장 및 항해사의 운항 과실

사고 지점인 맹골수도는 폭이 좁고 조류의 속력이 빠른 곳이어서, 구조 변경과 화물 과적에 의해 복원성이 크게 약화된 세월호의 경우 특히 주의하여 操舵를 해야 한다. 그럼에도 불구하고 경험이 부족한 3등 항해사와 조타수가 사고 당시 세월호의 운항을 담당하다가 조타 과실이 발생하였고, 선체는 전복되었다.

〈광주지방법원 2014고합180 – 검찰 공소장 기재 내용 중〉

세월호는 2014년 4월 16일 오전 8시 32분경 전남 진도군 조도면 맹골도와 거차도 사이에 있는 수도(水道)인 맹골수도를 진입하여 운항 중이었다. 맹골수도는 수심 36미터의 좁은 수도로 다른 선박들의 통항이 빈번하고, 병풍도를 지나는 지점은 조류의 속력이 빠른 곳이므로 변침을 하고자 할 때는 특히 주의하여 조타를 해야 하는 곳이었다. 증개축 공사에 의한 구조 변경 및 화물의 과적으로 인하여 복원성이 현저히 약화된 세월호를 안전하게 운항하기 위해서는 선장인 피고인 이○○이 조타실에 재선하면서 선박의 항해를 직접 지휘하여야 했다. (…) 그럼에도 불구하고 피고인 이○○(선장)은 당시 당직 항해사였던 3등 항해사 피고인 박○○이 아직 승무 경력이 길지 않고, 특히 위 장소를 단독으로 항해해본 경험이 없음에도 피고인 박○○에게 만연히 항해를 맡긴 채 조타실을 이탈하여 자신의 침실로 가버렸다. (…)

(…) 피고인 조○○(사고 당시 조타수)는 그 지시에 따라 우현 변침을 시도하던 중 원하는 대로의 변침이 이루어지지 않자 당황하여 임의로 조타기를 우현 측으로 대각도로 돌리는 잘못을 저지르는 바람에 선수가 급속도로 우회두하면서 외방경사[30]의 영향으로 선체가 좌현 측으로 급속히 기울어졌다. (…) 과적된 상태로 부실하게 고박된 화물이 좌현 쪽으로 급격하게 쏠리면서 그 영향으로 세월호는 좌현 측으로 더욱 기울게 됨으로써 복원력이 상실되어 결국 선박이 좌현으로 전도되었고 (…).

----

30 선체가 회전할 때 선체의 반대쪽으로 경사가 발생하는 현상을 말한다.

검찰이 밝힌
침몰 원인의 신뢰도

증개축으로 인한 선박 복원성 저하

세월호 증설에 따른 한국선급의 복원성 계산 결과를 보면, 증개축 전과 비교할 때 복원성 유지를 위한 세부 항목의 기준치가 변경되었음을 알 수 있다. 여객실 증설 등의 요인으로 세월호는 출항기준으로 경하중량이 187톤 증가했고, 무게중심은 0.51미터 높아졌으며, 필요한 평형수의 양은 1,700톤으로 늘어났다. 화물과 여객을 합친 세월호의 최대 적재량은 출항기준으로 2,525톤에서 1,070톤으로 절반 이상 감소하였고, 재화중량 또한 3,981톤에서 3,790톤으로 감소했다.

구분		증설 전		증설 후		비고
		출항	도착	출항	도착	
복원성 자료	경하중량	5,926톤		6,113톤		187톤 증가
	무게중심	11.27미터		11.78미터		0.51미터 증가
	①화물 여객	2,525톤		1,070톤		
	②평형수	370톤	1,023톤	1,700톤	2,030톤	
	③연료유	548톤	110톤	560톤	56톤	
	④청수	368톤	74톤	290톤	29톤	
	⑤식량 등	170톤	166톤	170톤	166톤	
	재화중량	3,981톤	3,898톤	3,790톤	3,351톤	①~⑤ 총합
	홀수	6.26미터	6.22미터	6.26미터	6.06미터	
계산 결과	복원성 (GoM[32])	0.98미터	0.95미터	1.42미터	1.05미터	안전기준: 0.15미터 이상

선장은 출발 전 승인된 복원성 자료에 따라 화물 또는 평형수 등을 적재하여야 하고, 적정 복원성 유지를 위해 운항 시 연료유, 청수 등의 소모량만큼 평형수를 증가시켜야 한다. 만약 더 많은 화물을 적재하기 위해 이러한 기준치를 지키지 않고 평형수 등을 덜 채울 경우, 선박의 복원성은 크게 저하될 수

---

31 한국선급, 〈여객선 '세월호' 관련 참고자료 1〉, 2014. 6. 3.
32 선박 복원성의 기준. 액체의 자유 표면 영향을 고려한 무게중심으로부터 횡 메타센터까지의 높이를 말한다. '횡 메타센터'는 선박이나 부유 구조물이 작은 각도로 횡경사했을 때, 수면 밑의 새로운 부력중심을 지나는 연직선과 선체 중심선이 만나는 점을 의미한다.

밖에 없다.

복원성 저하 등 사고 당시의 침몰 원인을 규명하기 위해서 시뮬레이션[33]이 이루어지며, 사고 선박과 똑같은 모형의 배와 입체 동영상을 만들어 재현하게 된다. 선박 시뮬레이션을 위해서는 기상·조류 정보를 비롯해, 화물적재량·평형수·연료유·청수·식량 등의 데이터가 필요하다. 만약 입력값에 작은 오차라도 존재한다면 시뮬레이션 결과의 신뢰도는 당연히 떨어질 수밖에 없을 것이다. 따라서 사고 당시의 최대한 정확한 데이터값을 확보하는 것이 사고 원인을 밝히는 데 무엇보다 중요하다고 할 수 있다.

| 증설 후 복원성 계산의 차이 |

구분	한국선급의 복원성 계산 결과		검찰 공소사실 중
재화중량	3,790톤(출항기준)		3,794톤
화물+여객(최대치)	1,070톤		1,077톤
평형수	1,700톤(출항기준)	2,030톤(도착기준)	1565.8톤(기준 모호)
연료유	560톤(출항기준)		560.9톤
청수	290톤(출항기준)		290.9톤
식량 등	170톤(출항기준)		없음
합계	3,790톤(출항기준)		3494.6톤(?)
비고	합계가 실제 재화중량과 차이 없음		합계가 재화중량과 차이 있음

---

[33] 국정조사 기관보고에 따르면 선박해양플랜트연구소가 이미 시뮬레이션을 진행하고 있는 것으로 알려졌다.

하지만 한국선급의 복원성 자료와 비교할 때, 검찰 공소장의 내용은 위와 같은 차이가 존재하고 일부는 아예 누락이 되어 있어 정확한 사고 원인을 밝히기 위한 자료로는 불충분하다.

검찰 공소사실에는 한국선급의 복원성 자료에 적시되어 있는 식량 등에 대한 내용이 누락되어 있다. 평형수의 경우도 출항기준인지 도착기준인지 모호하여, 복원성 유지를 위한 평형수 적재량에 대한 의문이 든다. 위와 같은 톤수의 차이와 누락 등이 경미하다 하더라도, 시뮬레이션을 통해 정확한 사고 원인을 밝히기 위해서는 이러한 부분에 대한 정확한 기준과 데이터를 확인하고, 필요 시 수정해야 할 것이다. 그리고 선박의 경우 출항할 때와 도착할 때 평형수나 연료유, 청수 등의 변동이 생기는 만큼, 출항기준 혹은 도착기준 등의 명확한 기준에 따라 복원성의 차이를 고려하여야 할 것이다.[34]

화물 과적

검찰 공소사실에 따르면 세월호가 최대 적재량인 1,077톤의 화물을 적재하였을 때 적정 복원성을 유지하기 위해서는 평

----

34 실제 많은 언론에서 출항기준과 도착기준의 평형수를 제각각 적용하고 있다.

형수 1,565.8톤, 연료유 560.9톤, 청수 290.9톤을 적재하고 출항하였어야 한다. 하지만 세월호는 더 많은 화물을 싣기 위해서 평형수 761.2톤, 연료유 198.38톤, 청수 150톤, 식량(미기재) 등을 적재했다. 이런 방식으로 세월호는 모두 1,308.02톤의 무게를 줄일 수 있었다. 그러고는 적재 가능한 화물의 최대치인 1,077톤에서 무려 1,065톤이 초과된 2,142톤 상당의 화물을 과적했다는 것이다.

| 검찰 공소장 기재 내용 |

구분	기준치	실제 적재량	초과량 (▲과소량)	비고
화물(최대치)	1,077톤	2,142톤	1,065톤	침몰 당시 적재된 정확한 화물량인지 불분명
평형수	1,565.8톤	761.2톤	▲933.6톤	출발 당시 평형수와 침몰 당시 평형수의 양이 동일한지 불분명
연료유	560.9톤	193.38톤	▲362.52톤	실제 항해하면서 소모된 양이 고려되었는지 불분명
청수	290.9톤	150톤	▲140.9톤	
식량 등	미기재 (170톤)	미기재	—	식량 등의 적재량은 공소장에서 기재되거나 고려되고 있지 않음

하지만 검찰 공소장에 기재된 2,142톤의 적재화물량이 과연 정확한지 의문이 제기된다. 세월호뿐만 아니라 모든 연안항 여객선과 화물선에 적재되는 화물은 실제 중량을 측정하는 일

이 거의 없다. 대신 용적(부피)톤수(MS/T)를 산정하고, 다음으로 용적톤수에 일률적으로 20퍼센트를 곱하여 중량 톤수(K/T)를 산정하는 게 관행이다.[35] 예를 들어 25톤 화물 차량으로 운반된 용적톤수 50톤짜리 화물의 경우[36], 적하 목록에 기재되는 중량 톤수는 관례에 의해 용적톤수의 20퍼센트로 산정한 10톤이 된다.

| 관행적인 화물 중량 계산 방식 |

화물차	일반적인 용적톤수	산정된 중량 톤수 (MS/T X 0.2)
25톤 화물차	50 (MS/T)	10 (K/T)

육지에서 화물 차량들의 일상적인 과적을 고려할 때, 일반적으로 25톤 화물 차량에 실리는 화물의 중량은 최소 25톤이 넘을 것으로 예상된다. 그렇다면 결국 선박의 화물 적하 목록[37]에 기재되는 화물의 중량 톤수(10톤)는 통상적으로 실제 중량(25톤)의 절반 이하로 축소될 수 있다는 결론에 이른다.[38]

한편 세월호는 이러한 관행에서 한발 더 나아가 화물의 용적기준조차 적용하지 않았다. 대신 용적을 차량 단위로 일률적으로 고정하여 화물의 실제 중량을 더욱 축소하는 방식을 사용

---

35 민변 세월호 특위, 〈선박 화물 과적의 구조적 문제점〉, 2014 . 5. 26.
36 통상적으로 25톤 차량의 용적톤수는 40~50MS/T이며, 중량 톤수(최대치)는 25K/T이다.
37 선박 또는 항공기가 적재하고 있는 화물의 목록이다.
38 연합뉴스, 〈민변 '화물 과적은 관행, 해경이 묵인'〉, 2014. 5. 26.

했다.[39] 이 같은 사실을 고려할 때 세월호의 과적 화물량은 검찰에서 파악한 1,065톤보다 훨씬 더 무거웠을 가능성이 높으며, 사고 당시 세월호 복원성 악화에 현저한 영향을 주었을 것이다. 침몰 당시 제주도와의 거리가 불과 90킬로미터밖에 남지 않았다는 걸 감안하면 기준치에 못 미치는 연료유와 청수가 그마저도 상당 부분 소모되어 세월호의 복원성은 더욱 악화되어 있었을 것이다.

선박의 복원력이 저하 또는 상실되었을 때 심한 파도나 변침 등으로 선박이 기울게 되면 침수가 진행되지 않는 한 기울어진 상태로 표류하게 된다. 그런데 선박이 계속해서 더 큰 각도로 기울어지다가 전복된다면, 이는 침수가 진행되었기 때문이다.

다시 말해 화물 과적은 무게중심의 상향과 평형수의 감소로 이어져 복원력을 감소·상실시키며, 일정한 경사로 배를 기울게 할 수는 있다. 이미 복원력의 저하로 세월호가 기울어진 전례도 있다. 검찰 공소장 기재 내용 중 '세월호는 2013년 11월 28일 오후 6시 30분경 인천 소재 연안 부두에서 여객 117명, 차량 150대, 화물 776톤을 적재한 뒤 출항하여 제주도를 향하다

----

39 민변 세월호 특위, 〈선박 화물 과적의 구조적 문제점〉, 2014 . 5. 26.

가, 다음 날인 29일 오전 8시 20분경 제주도의 화도 부근 해상에서 파도의 영향을 받아 좌현으로 기울면서 D데크에 선적된 벽돌 및 주류, 산적 화물 등이 한쪽으로 쏠려 손상되는 사고가 발생했다'는 기록이 있다.[40] 또한 청해진해운은 위 사고에 대하여 '사고 보고서'를 작성하여 대표이사에게까지 보고한 것으로 확인되었다. 그러나 과적의 정도가 그 자체로 배를 뒤집을 만한 수준이 아니라면, 세월호 침몰의 주된 원인을 과적이라고 단정하기는 어렵다. 세월호는 2013년 3월 15일부터 사고 당일인 2013년 4월 16일까지 총 241회 운항하였는데, 이 가운데 절반이 넘는 139회 동안 과적 운항이 이루어진 것으로 조사되었다. 따라서 4월 16일 세월호의 화물 과적이 선박 복원력에 상당한 영향을 끼쳤다고 볼 수 있으나, 그로 인하여 배가 전복되었다고 할 수는 없다.

고박 불량

검찰 공소장에 따르면 청해진해운의 물류 담당은 '화물을 무조건 많이 적재하고, 컨테이너는 2단 컨테이너 상단을 로프로 둘러 묶는 방법으로만 고박하고, 차량은 라싱밴드를 앞뒤로

---

40 광주지방법원 2014고합180 사건.

한 가닥가량만 사용하여 고박하라'는 취지의 지시를 내린 것으로 나타났다. 운항관리규정에 위배하여 화물을 형식적으로 고박하여 적재한 것이다. 실제로 세월호 침몰 당시 선체에 쌓여 있던 1단과 2단 컨테이너는 모서리를 고정하는 콘(cone)이 제대로 연결되지 않거나 일부만 끼워져 있었고, 일부는 콘이 설치되지 않고 로프로만 구멍을 연결해 묶어놓은 것으로 조사됐다.

| 세월호 화물 고박 현황 |[41]

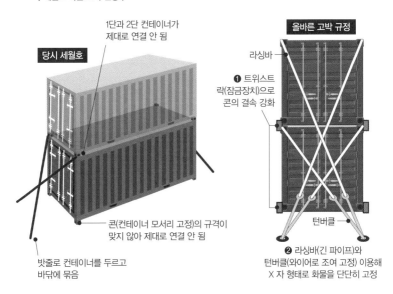

1단과 2단 컨테이너가
제대로 연결 안 됨

당시 세월호

올바른 고박 규정

라싱바

❶ 트위스트
락(잠금장치)으로
콘의 결속 강화

콘(컨테이너 모서리 고정)의 규격이
맞지 않아 제대로 연결 안 됨

턴버클

밧줄로 컨테이너를 두르고
바닥에 묶음

❷ 라싱바(긴 파이프)와
턴버클(와이어로 조여 고정) 이용해
X자 형태로 화물을 단단히 고정

----
41 연합뉴스, 〈고박 부실·과적으로 복원력 잃어 침몰〉, 2014. 05. 01.

세월호의 선체를 살펴보자. 세월호는 바닥에서부터 2층까지가 방수구역이다. 4월 16일 오전 8시 50분경, 세월호는 좌현으로 25~35도가량 기울어 해수면이 선체 1층 정도에 닿아 있었던 것으로 추정된다.

| 진도 침몰 세월호 여객선 내부 구조 |[42]

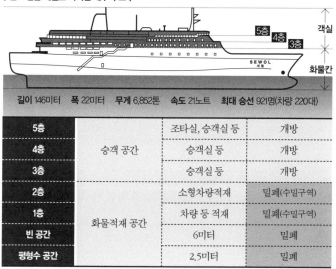

| 길이 146미터 | 폭 22미터 | 무게 6,852톤 | 속도 21노트 | 최대 승선 921명(차량 220대) |

5층	승객 공간	조타실, 승객실 등	개방
4층		승객실 등	개방
3층		승객실 등	개방
2층	화물적재 공간	소형차량적재	밀폐(수밀구역)
1층		차량 등 적재	밀폐(수밀구역)
빈 공간		6미터	밀폐
평형수 공간		2.5미터	밀폐

침수가 진행되지 않는다면 선박은 기운 상태로 표류를 하게 된다. 그런데 세월호는 선박의 경사가 계속 진행되어 침몰

42 뉴시스, '진도 침몰 세월호 여객선 내부 구조'(그래픽), 2014. 4. 16.

되었는데, 이는 침수로 인한 것이었다. 침수는 1층에서 2층, 3층으로 확산되었다고 추정된다. 하지만 침수의 원인에 대해서 수사 당국은 어떠한 발표도 한 적이 없다. 추정하건데 1층 방수구역(화물적재 공간)의 손상, 즉 선체에 파공이 발생하여 침수가 진행되었을 가능성이 크다. 선체가 갑작스럽게 기울어질 때 화물이 경사진 곳으로 한꺼번에 쏠리고, 그러면서 선체와 충돌하여 파공이 발생하였을 가능성이 있기 때문이다. 따라서 선체의 파공 내지 파열의 존재에 대한 철저한 조사가 필요하다.

조타 과실로 인한 급변침

수사기관은 당직 조타수의 부주의한 변침, 조타기 고장, 스태빌라이저(stabilizer)[43]의 고장 등으로 선박이 기울어 침몰한 것이라고 주장하고 있으나, 이는 선박에 대한 무지에서 비롯되었다는 반론이 상당하다.

통상 원양 선박은 9~10미터의 파도와 태풍에도 감항성[44]을 유지한다. 이러한 기상 상황에서 세월호와 같은 선박은 45도로 롤링(좌우로 흔들리는 현상)을 하며[45], 선수와 선미 방향으로

----

[43] 파도로 인한 여객의 멀미 등을 최소화하여 승선감을 높여주기 위한 설비이다.
[44] 해상운송에 있어서 선박이 통상적인 위험을 견디고 안전한 항해를 하기 위하여 필요한 인적·물적 준비를 갖추는 것 또는 그런 상태를 의미한다.
[45] 심할 경우 60도까지 롤링할 때도 있다.

20~30미터 피칭(전후 방향의 흔들림)을 하기도 한다.

또한 선박의 충돌 방지와 변침을 위해 일반적으로 20도 전후로 키를 사용하여 운항하는데, 세월호 사고 당시에는 10도 정도의 변침이 있었던 것으로 추정된다. 전문가들은 이 정도의 방향 전환은 급변침으로 볼 수 없다고 말한다.[46] 보통 15도에서 20도의 변침이 선체에 주는 좌우 흔들림은 3미터 높이의 파도가 선체와 충돌했을 때 미치는 영향과 유사하며, 급변침이 아니라 일반적인 변침일 뿐이라는 것이다.

| 파도에 흔들리는 선박의 모습 |

한편 검찰의 공소장에는 변침 정도와 관련한 명확한 언급이 없다. '피고인 조○○(조타수)는 사고 당시 갑판정을 지휘하던 3등 항해사의 지시에 따라 우현 변침을 시도하던 중 원하는 대로 변침이 이루어지지 않자 당황하여 임의로 조타기를 우현 측으로 대각도로 돌리는 잘못을 저

----

46 MBC 이브닝뉴스, 〈계속 바뀌는 세월호 항적도… 사고 원인, 급변침 맞나?〉, 2014. 7. 28.

지르는 바람에 선수가 급속도로 우회두하면서 외방경사의 영향으로 선체가 좌현 측으로 급속히 기울어졌다'는 기록만 있을 뿐이다.[47]

| 선박이 급선회하는 모습 |[48]

선원이나 승객이 물에 빠지는 경우 윌리엄슨 턴(williamson turn)[49]을 하여 사람을 구조하는 훈련(man overboard drill)[50]을 하게

---

47 광주지방법원 2014고합180 사건.
48 급선회를 하여도 선박 길이의 최소 4~5배 간격으로 원형을 그리며 회전하게 된다.
49 1942년 미해군 예비역 중령 윌리엄슨이 고안한 조타 기술. 구항로를 정확히 선회하여 물에 빠진 사람을 추적해나가는 방식이다.
50 전속력으로 키를 30도 이상 좌로 돌린 후 다시 우로 30도 이상 돌려 최단 시간에 선원 및 승객의 추락 위치로 이동하는 방법. 윌리엄슨 턴을 연달아 두 번 하여 숫자 8을 그리듯 움직이는 구조법이다.

된다. 따라서 급변침에 의한 침몰 주장은 선박의 특성을 잘 이해하지 못한 오류일 수 있다.

| 윌리엄슨 턴 |

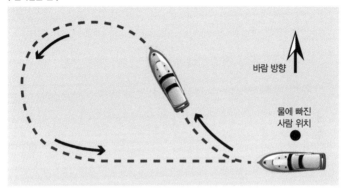

바람 방향

물에 빠진
사람 위치

사고 초기부터 해양안전심판원과 합동수사본부는 세월호 사고의 직접적인 원인으로 조타수의 급변침을 지목하고 있다. 하지만 사고 초기 세월호의 화물 과적 정도가 명확하게 밝혀지지 않은 상태에서, 세월호의 복원성과 변침에 관한 계산이 정확하게 이루어졌다고 신뢰하기 어렵다. 그리고 지난 6월 10일 세월호 선원들에 대한 재판[51]에서 3등 항해사 박모 씨(26)의 변호인은 "평소와 마찬가지로 이 사건 사고해역에 이르러 조타수

---

51 광주지방법원 2014고합197 사건.

에게 미리 5도 이내로 변침하도록 지시했다"고 주장했다. 이어서 "조타수 조모 씨(56)는 경력이 15년 이상이고 사고해역을 수차례 운항했다"며 "과실이 있는지 의문"이라고 지적했다.[52] 이와 같은 정황을 고려해볼 때 단순 조타 과실에 의한 급변침으로 세월호가 침몰했다는 수사당국의 주장은 설득력이 떨어진다.

　지난 7월 25일 청해진해운 대표 등에 대한 재판[53]에서 변호인은 검찰이 공소사실에서 제시한 과적과 부실 고박, 무리한 증개축, 평형수 부족, 변침 등 조타상의 실수가 아닌 다른 물체와의 충돌 가능성을 제기했다. 변호인은 세월호 침몰 당시의 AIS 항적도를 그 증거로 제시했다. AIS 항적도에는 세월호가 4월 16일 오전 8시 49분 44초부터 45초까지, 단 1초 사이에 선수의 각도가 199도에서 213도로 틀어졌다고 기록되어 있다. 변호인은 "전문가들이 조타 잘못이나 조류, 변침만으로 1초 만에 선수가 14도 이상 틀어질 수 없다고 했다"며, "조타수나 항해사를 증인으로 불러 외부 충격 없이 선수 각도가 이렇게 틀어질 수 있는지를 묻겠다"고 말했다. 이와 함께 진도 VTS 레이더 동영상, 해경 초계기 촬영 동영상을 캡처한 사진을 증거로 제시하고, 세월호 침몰 당시 인근 해역에 또 다른 물체가 존재했을 수

----

52 한겨레21, 〈"고의성 없다… 승객 구조는 해경 못"〉, 2014. 6. 12.
53 광주지방법원 2014고합197 사건.

있으며 이 물체와의 충돌로 인해 세월호가 침몰했을 수 있다는 가능성도 제기했다.[54]

침몰 원인에 대한 재검토 필요성

세월호 침몰의 원인과 경위는 세월호 참사에 대한 진상규명의 첫 단추로 철저하게 규명되어야 한다. 검찰의 공소사실에 의하면 세월호 증개축이 선박 복원성에 중대한 영향을 미친 점, 청해진해운이 평소 세월호 선원들의 교육훈련을 규정대로 실시하지 않은 점, 화물 과적과 고박 불량 그리고 선장 및 항해사의 운항 과실 등이 세월호 침몰의 직접적 원인으로 거론되고 있다. 하지만 앞에서 검토했듯이 세월호 침몰 원인에 대한 검찰 측 주장은 과학적으로 충분히 검증된 것이 아니며, 따라서 명확한 분석이라 할 수 없다.

여전히 세월호 침몰사고의 정확한 발생 시각이 밝혀지지 않았고, 진도 VTS 기록 조작 및 세월호 AIS 항적 기록 누락 의혹에 대해서도 규명되지 않았다. 정확한 침몰 원인을 규명하기 위해서는 사고 당시의 정확한 화물량, 평형수의 양 등 복원성과 관련된 데이터가 철저히 조사되어야 한다. 하지만 검찰이

----

54 뉴시스, 〈검찰·변호인 침몰 원인 놓고 법정공방〉, 2014. 7. 25.

실제 화물적재량을 정확하게 파악하고 있는지는 의문이다. 오히려 검찰수사의 초점은 선박 침몰의 원인을 정확하게 규명하는 것이 아니라, 선장과 선원들의 처벌에 집중되어 모든 관련 요인을 침몰 원인으로 나열하는 한계를 드러냈다. 따라서 모든 가능성을 열어두고 관련 증거와 데이터를 최대한 확보한 후, 과학적 검증을 통해 침몰의 주된 원인이 무엇인지 그 진실 여부를 가려내야 할 필요가 있다.

여전히 세월호의 침몰 원인에 대하여 여러 가지 의혹이 제기되고 있다. 내부 폭발이 있었다는 의혹이나 수면 아래에서 불특정 물체와 충돌이 있었다는 의혹도 있다. 제기되는 여러 가지 의혹을 명확하게 규명하기 위해서는 향후 선체에 대한 면밀한 조사가 반드시 이루어져야 한다.

3장

사고를
참사로 만든 10대 원인

무분별한 규제완화로
사라진 안전장치

박근혜 정부는 '규제는 암 덩어리'라며 집권 초기부터 규제 완화 및 폐지에 박차를 가했다. 특히 지난 2014년 3월 20일, 박근혜 대통령이 직접 참석한 '규제개혁 끝장토론'을 모든 지상파에 생중계하며 규제완화를 국정 핵심 과제로 선전했다. 모든 규제를 비용으로 환산하여 새로운 규제를 신설할 때는 기존 규제를 반드시 폐지해 규제의 총량을 유지하는, 이른바 '규제비용 총량제'를 모든 부처에 전면 실시하겠다고 선언하기도 했다.

대통령의 지시에 따라 각 부처는 앞다투어 규제를 완화하기 시작했다. 문제는 이 과정에서 국민의 생명과 안전을 지키기 위해 꼭 필요한 규제마저 무작위로 완화 내지 폐지되었다는 점이다. 특히 해양수산부는 세월호 참사의 중요한 원인이 된 화물 과적 관련 규제 등 선박 안전에 관련된 규제마저도 상당 부분 축소하거나 폐지했다. 해양수산부의 '규제개혁 추진자료'와 국무총리실 '규제정보포털' 등에 따르면 해양수산부는 박근혜 정부 출범 이후 2013년 3월 기준으로 '규제개혁 추진과제'를 62건 공개하였고, 그 가운데 이미 완화됐거나 완화를 추진 중인 해상안전 관련 규제는 최소한 10건 이상이다.[55] 이명박 정부 이후 사고 당시까지 선박과 관련한 규제완화의 주요 내용들을 살펴보자.

| 최근 완화된 선박 관련 규제완화 |[56]

자료 : 해양수산부, 박남춘 의원

내용	시행
항만 안에서만 항해하는 여객선의 풍압기준 완화	2009년 1월
연안여객선 선령 제한 완화(25년→30년)	2009년 1월
카페리 과적 및 적재기준 완화	2009년 1월
여객선 엔진개방검사 완화(7,000시간→9,000시간)	2009년 2월
2시간 미만 운항하는 선박은 위치발신장치 설치 면제	2010년 6월
항해 시간 3시간 미만은 입석으로 승선 가능	2011년 1월
점검 대상 선박 선령기준 완화(15년 이상→20년 이상)	2011년 1월

---

55 프레시안, 〈박근혜 정부, '해양 규제완화'가 참사 불렀다〉, 2014. 4. 24.
56 경향신문, 〈규제완화 광풍 속에 세월호가 침몰했다〉, 2014. 5. 15.

선장의 선박안전관리 체계 부적합 보고의무 면제	2013년 6월
컨테이너 현장 안전검사 대신 서류 제출	2014년 1월
선장 휴식 때 1등 항해사 등이 업무 대행	2015년 1월
예인선*은 일반 선원 야간당직 의무 폐지	2015년 1월
항내에서 선박 수리 허용	국회 상임위 통과
요트 등 수상레저기구의 항구 출입신고 면제	국회 상임위 통과

*예인선 : 강력한 기관을 가지고 다른 배를 끌고 가는 배

여객선 안전검사기준 완화

선박에 있어서 엔진 및 크랭크축 등의 동력기관은 안전검사의 핵심적인 부분이다. 동력기관이 제대로 작동하는지의 여부를 점검하는 것은 매우 중요하다. 그럼에도 불구하고 정부는 2009년과 2010년에 선박안전법의 시행규칙을 각각 개정함으로써 여객선의 엔진개방검사 주기를 늘리고, 검사를 유보할 수 있는 연장 규정을 신설하여 안전검사기준을 완화했다.

새정치민주연합 박남춘 의원이 2014년 5월 12일 해양수산부 및 해양경찰청으로부터 제출받은 자료에 따르면, 정부는 지난 2009년 선박안전법 시행규칙 개정으로 여객선 엔진개방검사 시기를 엔진가동시간 7,000시간에서 9,000시간으로 완화했다. 또한 2010년 선박안전법 시행규칙 개정을 통해, 여객선 고속기관 개방검사 시기를 가동시간이 5,000시간 미만인 기관의

경우 3년의 범위 안에서 개방검사 시기를 1년마다 연장할 수 있도록 완화했다.[57]

여객선 차량적재기준 완화

선박은 바다 위를 항해할 때 파도와 너울에 의하여 앞뒤 좌우로 흔들리게 된다. 이렇게 흔들리던 배가 다시 수평을 확보하는 힘을 선박 복원력 또는 선박 복원성이라고 한다. 선박안전법 제2조 제8호는 '복원성이란 수면에 평형상태로 떠 있는 선박이 파도·바람 등 외력에 의하여 기울어졌을 때 원래의 평형상태로 돌아오려는 성질을 말한다'고 규정하고 있다. 해양수산부 역시 선박 복원성에 관한 내부 규정[58]을 두어 이에 미치지 못한 배는 운항하지 못하게 하고 있다.

모든 선박은 이러한 복원력을 위해 배의 가장 밑부분에 오뚝이의 추와 같은 역할을 할 수 있는 물을 채워두는데, 이를 평형수라 한다. 평형수를 기준 이하로 부족하게 채운 배는 파도나 너울에 의하여 더 심하게 기울어질 뿐만 아니라, 기울어진 상태에서 다시 수평으로 돌아오는 힘이 부족하게 되어 선박 안

----

57 파이낸셜뉴스, 〈MB 정부, 여객선 안전규정도 줄줄이 완화〉, 2014. 5. 12.
58 해양수산부 고시(선박 복원성 기준)에 따르면 '여객선은 GoM이 0.15미터 이상일 것'을 포함한 총 6가지 복원성 기준을 충족하여야 한다.

전에 심각한 위협이 된다.

그런데 선박이 기준 이상의 화물을 과적하면 필연적으로 선박 복원력을 확보하는 평형수를 줄일 수밖에 없다. 현행 규정상 출항을 앞둔 선박이 해경 및 해운조합 소속 운항관리자 등 관리감독기관으로부터 출항 허가를 받기 위해서는 배의 외부에 표시된 만재흘수선(만재흘수를 표시한 선)이 물 밖으로 나와 있어야 한다. 따라서 선박이 화물이나 승객을 적정 무게보다 더 많이 선적한 경우에는 만재흘수선이 물 밑에 잠겨 있게 되고, 이 경우 평형수를 빼내는 방법으로 만재흘수선을 물 위로 나오게 한다. 이런 편법을 막고 화물 과적을 실질적으로 단속하여 선박의 안전을 확보하기 위해서는 선박 외관에 표시된 만재흘수선만으로 화물 과적을 단속해서는 안 된다. 실제 선박에 화물을 얼마나 적재하였는지, 처음 허가받은 상태로 화물을 적재하였는지, 안전을 확보하기 위한 평형수를 제대로 채웠는지 등을 직접 배에 승선하여 실제로 확인하는 과정이 필요하다.

그러나 정부는 지난 2009년, 카페리의 과적이나 잘못된 적재로 인한 안전사고를 예방하기 위해 마련된 차량적재도 승인 규정을 완화했다. 기존에는 승인받은 적재도와 종류가 다른 차량을 적재할 경우, 그때마다 새로 승인을 받도록 되어 있었다. 그러나 2009년 '카페리선박의 구조 및 설비 등에 관한 기준' 고

시 개정으로 경형 승용자동차나 최대 적재량 18톤 및 25톤 화물자동차 등 기본 차종에 대한 차량적재도만 승인받으면, 최대 적재량 허용 범위 내의 유사 차종에 대해 적재가 가능하도록 변경했다. 또한 차량 고박기준도 항해 시간이 1시간 미만일 경우 기존에 쐐기로 고박하도록 하던 것을 갑판에 고정된 사각바 등으로 고박할 수 있도록 완화했다.[59]

선박연령기준 완화

오래된 선박일수록 선체의 안전성은 떨어지게 마련이다. 그러나 선박회사 입장에서는 안전을 위해 새로운 선박을 건조하는 것보다, 오래된 중고 선박을 구입하여 최대한 오래 사용하는 데에서 더 많은 이윤을 얻을 수 있다. 하지만 그만큼 이용하는 승객들의 안전은 위협받을 수밖에 없다.

정부는 2009년 1월 해운법 시행규칙 제5조를 개정하여 여객선의 선령 제한을 30년으로 완화했다. 기준 선령이 20년임에도 불구하고 예외 규정을 통해, 선령이 20년을 초과한 여객선도 선박검사기준을 통과하면 최대 10년까지 선령을 연장할 수 있게 바꾼 것이다. 이는 정부가 국민의 안전보다 선박회사의

----
59 파이낸셜뉴스, 〈MB 정부, 여객선 안전규정도 줄줄이 완화〉, 2014. 5. 12.

이익 챙겨주기에 몰두한 것으로, 이러한 규제완화로 인하여 일본의 노후 선박이 국내 연안여객선으로 다수 유입되었다. 일본에서 18년간 운행되고 기준 선령에서 단 2년이 남은 노후 선박 나미노우에호가 지난 2012년 국내로 수입되어 별다른 규제 없이 제주도와 인천을 오가게 된 배경이다.[60]

실제로 선령 제한 완화는 지난 2006년부터 국내 해운회사들이 조합원으로 소속되어 있는 이익단체 '한국해운조합'의 지속적인 요구사항이었다. 해운조합은 2007년 7월 당시 해양수산부장관과의 오찬 간담회에서 '연안여객선 선령 제한 제도 개선'을 가장 강조한 것으로 알려졌다. 표면적으로는 국내 연안여객선들의 선령 제한이 너무 엄격하여 노후화된 국내 선박이 동아시아 등에 헐값에 팔리고 있다는 점을 근거로 들었지만, 실제로는 기준 선령을 엄격하게 지키는 일본에서 싼값에 선박을 사 올 수 있다는 점이 보이지 않는 이유였다.

정부는 별다른 고민 없이 이러한 해운조합의 요구를 그대로 받아들였다. 규제완화 과정에서 국민의 안전에 위협이 될 수 있다는 점은 심도 있게 논의되지 못했다. 오히려 국민의 권익을 대변하는 국무총리 산하의 국민권익위원회는 선령 제한

---

60 한국일보, 〈경제적 타당성 분석 불충분 평가받고도 MB 정부가 선박연령 규제완화 강행〉, 2014. 5. 8.

으로 인한 해운회사들의 비용 부담을 걱정하며, 선령 규제완화로 인한 안전상의 위험은 발생하지 않는다고 국무회의에 보고하기도 했다.[61]

당시 국민권익위원회는 국무회의 보고자료에서 '선령이 20년(최대 25년)인 내항여객선은 취항이 더 이상 불가능하다는 약점 때문에 외국 선박 중개사들이 선령 제한에 도달한 내항여객선의 가격을 고철 가격 수준으로 인하하려 한다'는 해운업계의 주장을 그대로 옮기면서, '우리나라 내항여객선사들은 보유 여객선의 선질이 우수하더라도 선령이 25년이 되기 전에 처분하고 다른 중고 여객선을 확보할 수밖에 없어 과다한 비용 부담을 초래하고 있다'거나, '내항여객선의 선령 규제는 여객의 안전도, 수리비, 운항 비용의 발생 등을 종합적으로 검토해 점진적으로 완화하는 것이 바람직하다'고 강조했다. 특히 선령 제한을 완화할 때 안전 위험은 없는지에 대해 '2000년부터 2004년까지 발생한 연안여객선 해난사고는 여객선의 선령과 관계없고 선원의 운항 과실에 의한 것이 대부분(75.4퍼센트)'이라면서, '해양 선진국(미국, 유럽, 일본 등)에서도 선령을 제한하는 국가는 거의 없다'고 밝혔다.

----

61 서울신문, 〈'여객선 선령 완화' 권익위가 제안… '해난사고와 관계없다'〉, 2014. 4. 28.

결국 국민의 안전보다 선박회사의 이익 챙겨주기에 급급한 정부의 기울어진 판단으로 노후 선박이 국내 연안여객선으로 대거 유입되었다. 뉴스타파의 보도[62]에 따르면 2013년 현재 국내 연안여객선 중 건조된 지 21년 이상의 노후 선박은 모두 67척이다. 규제가 풀리기 전인 2008년 당시 20년 이상의 노후 선박이 22척에 불과했던 것에 비하면, 무려 3배 가까이 증가한 셈이다. 더욱 우려스러운 점은 2008년 당시 국내 연안여객선 중 70퍼센트가 15년 미만의 젊은 배였다면, 2013년 현재 15년 미만의 연안여객선은 총 38퍼센트로 절반에도 미치지 못한다는 사실이다. 반대로 20년 이상의 노후 선박이 전체의 63퍼센트를 차지할 만큼 연안여객선의 노후화가 심각한 수준에 이르렀음을 알 수 있다.

| 국내 연안여객선 노후화 현황 |[63]

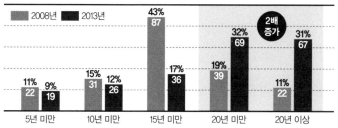

62 뉴스타파, 〈재앙의 씨앗… 선령 규제완화〉, 2014. 4. 24.
63 뉴스타파, 〈재앙의 씨앗… 선령 규제완화〉, 2014. 4. 24.

노후 선박에 대한 안전점검기준 완화

규제완화에 따라 노후 선박이 국내에 유입되었다면 그에 대한 운항안전기준과 점검 강도 역시 강화되었어야 한다. 그러나 언론의 보도와 통계에 따르면 오히려 노후 선박에 대한 특별 점검기준은 완화되었고, 정밀검사에 필요한 첨단기구는 턱없이 부족하며, 실제 점검에 투입되는 검사원 수는 한 명도 늘지 않았다고 한다.

정부는 대형 해양사고를 막겠다며 2012년부터 매년 '해사 안전 시행 계획'을 발표하고 있다. 여기에는 해양수산부 등 여러 정부 부처가 합동해 만든 해양안전 관련 대책과 구체적인 시행 계획이 담겨 있다. 정부는 이 시행 계획을 통해 선령 규제 완화에 따라 크게 늘어난 20년 이상 된 노후 선박의 안전 점검 강화를 강조했다. 그러나 정부의 핵심 대책 대부분이 무용지물이 되거나 지켜지지 않는 것으로 드러났다.

먼저 정부는 2011년 '여객선 안전관리 지침' 개정을 통해 노후 선박 특별 점검 대상 선박을 15년 이상 선박에서 20년 이상 선박으로 완화해준 것으로 확인됐다. 뿐만 아니라 풍속기준, 방열설비, 입석 승선 등에 대한 규정도 줄줄이 완화했다.[64]

----

64 파이낸셜뉴스, 〈MB 정부, 여객선 안전규정도 줄줄이 완화〉, 2014. 5. 12.

또 노후 선박의 정밀검사를 위한 첨단검사기구가 턱없이 부족한 것으로 드러났다. 뉴스타파 보도[65]에 따르면 검사에 필요한 첨단기구는 노후 선박 윤활유성능검사기구인 '동점도측정테스트키트', 선박의 구조를 해체하지 않고 검사하는 '내시경검사장비', 선박의 두께를 측정하는 '두께측정기', 발전압을 정밀 검사하는 '내전압검사기', 선체의 재료를 시험하는 '디지털온도측정기' 등이다. 그러나 이 가운데 실제 도입된 장비는 내시경검사장비와 두께측정기뿐이었다.

| 내시경검사장비 보유 현황 |[66]

지역	장비 유무	지역	장비 유무
부산	O	여수	X
인천	O	고흥	X
강원	X	완도	X
보령	X	포항	X
태안	X	창원	X
군산	X	통영	X
목포	X	사천	X

정부는 2012년, 2013년 2년 연속 내시경검사장비를 확충하겠다고 강조했지만 그마저도 공단 15개 지부 가운데 인천과

65 뉴스타파, 〈'떠다니는 시한폭탄' 노후 선박… 안전검사는 말뿐〉, 2014. 4. 24.
66 뉴스타파, 〈'떠다니는 시한폭탄' 노후 선박… 안전검사는 말뿐〉, 2014. 4. 24.

부산 두 군데만 비치됐고, 선박검사에 필수적인 두께측정기는 이제야 각 지부에 1개씩 배치된 실정이다.

　나머지 장비들은 아직 구입 여부조차 결정되지 않았다. 공단 관계자는 "계획이 100퍼센트 시행되는 경우는 없다"며, "해양사고 예방을 위해 이런저런 계획을 세워서 정부에 제출했지만 예산 등의 문제로 실천이 어려운 게 사실"이라고 털어놨다.

증강되지 않은 노후 선박의 검사원 수[67]

　선박안전검사 대행기관은 해양수산부 산하의 준정부기관인 '선박안전기술공단(KST)'이다. 정부의 약속과 달리 공단의 검사원 숫자는 지난해와 비교해 올해 단 한 명도 늘지 않았으며, 157명의 검사원이 1인당 연 133척의 선박을 검사한다. 또 공단에 초음파검사 등 '비(非)파괴검사'를 담당할 수 있는 전문인력은 1~2명에 불과하다. 그런데도 공단은 2012년부터 비파괴검사를 통해 선체 강도의 취약 부분을 정밀검사하겠다고 발표했다. 인력도 없는 상황에서 검사 계획만 내세운 것이다. 공단 관계자는 "공단에는 비파괴검사 결과를 판독할 수 있는 인력이 없어 외주업체에 검사를 맡기고 있다"고 말했다. 정부는 지난

---

67 뉴스타파, 〈'떠다니는 시한폭탄' 노후 선박… 안전검사는 말뿐〉, 2014. 4. 24.

해 세월호처럼 외국에서 도입되는 여객선에 대해서는 해상 시운전검사를 강화하고 검사 항목도 늘리겠다고 했지만, 실제 공단은 각 지부에 '시운전검사를 강화하라'는 공문만 전달한 것으로 나타났다.

선박 컨테이너 안전점검기준 규제완화

해양수산부의 2014년도 규제개혁 추진과제를 보면, 박근혜 정부가 추진 중인 범정부적 '규제완화' 사업에 해상안전 관련 규제도 이미 다수 포함됐던 것으로 24일 드러났다.[68] 특히 선장의 안전점검 의무를 면제하고, 선박에 싣는 화물 컨테이너의 안전점검 횟수를 제한하는 등의 조치는 이번 세월호 사고와 직간접적으로 연결되어 있다. 해양수산부의 '규제개혁 추진자료'와 국무총리실 '규제정보포털' 등에 따르면, 박근혜 정부 출범 이후 이미 완화됐거나 완화를 추진 중인 해상안전 관련 규제는 최소한 10건 이상이다.

해양수산부는 규제완화정책의 일환으로 선박안전법 시행규칙에 규정된 컨테이너 안전점검사업자에 대한 현장점검을 축소하기로 했다. 당초 규정에는 지방해양항만청이 컨테이너

---

68 프레시안, 〈박근혜 정부 '해양 규제완화'가 참사 불렀다〉, 2014. 4. 24.

안전점검사업자에 대하여 연 1회 이상의 현장점검을 하도록 되어 있었는데, 이로 인하여 사업자의 부담이 가중된다는 이유에서 현장점검을 자료 제출로 대체할 수 있게 한 것이다. 그것도 연 1회만 하면 된다는 내용이다. 컨테이너에 화물을 무리하게 싣거나 충분한 고박 조치를 하지 않는 등 안전상의 문제가 있을 경우에도, 이를 점검하는 사업자들에 대한 관리 감독을 사실상 현장점검 없이 서류로 대체하겠다는 것이다.

선장의 조종 지휘 대행 조항 신설로 인한 선박운행기준 완화

해양수산부는 2014년 4월 7일 박근혜 대통령이 주재한 국무회의에서 선장의 휴식 시간에는 1등 항해사 등이 조종 지휘를 대행할 수 있도록 하는 선원법 시행령 개정안을 의결해 세월호 사고 하루 전인 15일 공포했다. 개정안은 '선장의 조종 지휘 대행' 조항을 신설하였는데, 이로써 선박이 항구를 출입하는 등 위험이 생길 우려가 있을 때를 제외하고는 1등 항해사 등이 선장을 대신하여 선박의 조종 지휘를 할 수 있게 되었다.

선장의 선박 내부심사 및 보고 의무 면제

해양수산부는 또 지난해 4월부터 내항 선박 안전관리체제의 이행 요건을 완화했다. 선장은 안전관리체제를 개선하기 위해, 매년 인증심사 시행 전에 부적합 사항 보고와 선박 내부심사를 해야 했다. 하지만 선장의 부적합 사항 보고와 내부심사를 면제하고, 이를 선박회사 안전관리자의 점검으로 대체했다. 관리감독을 받아야 할 주체에게 관리권과 감독권이 주어진 것이다.

규제완화정책이 세월호 참사에 미친 영향

세월호 참사 이전에도 1953년 1월 창경호 침몰사고, 1970년 12월 남영호 침몰사고, 1993년 10월 서해훼리호 침몰사고 등 연안여객선 대형 참사가 있었다. 이처럼 반복되는 대형 참사를 막기 위해서는 안전규제를 강화하고 정부의 관리·감독을 철저히 해야 한다. 하지만 정부는 참사가 잊힐 때쯤이면 비용 절감과 수익성 증대라는 명분으로 도리어 규제를 완화했다. '시민'의 안전보다 '시장'의 안전을 우선시하는 정부의 태도로 인해 기업은 배를 불렸지만, 국민들은 위험에 더욱 노출되었다. 안전규제는 뒷 순위가 되었을 뿐만 아니라 안전을 지키는 방식도 바뀌었다. 정부는 해상안전을 위한 규제를 강화하는 방식이 아니라 선주들의 해상보험, 승객들의 여행보험 가입을 권장하는 방식 등을 사용했다. 안전이라는 의제가 규제완화정책과 맞물려 돈벌이 수단으로 전락하기 시작한 것이다. 결국 시민의 안전문제를 시장화하는 것이었다. 시민의 권리로서 보장받아야

할 안전은 없었다.[69]

규제완화정책이 안전에 미친 영향은 통계수치를 통해서도 알 수 있다. 규제완화를 시작한 이명박 정부 시절의 여객선 사고는 노무현 정부와 대비해 25퍼센트가 증가했다. 2003년부터 2007년까지 발생한 여객선사고는 총 68건으로 연평균 13.6건인 반면, 2008년부터 2012년까지 발생한 여객선사고는 총 85건, 연평균 17건으로 25퍼센트가 증가했다.[70] 이는 정부가 승객의 안전보다는 선박회사를 비롯한 기업의 이윤 추구와 불편사항 개선에 초점을 맞추면서 안전관리가 소홀해진 결과이다.

| 이명박 정부 시절 해운법 관련 규제완화 실태 |[71]

2008년	해운법 시행규칙 개정	선박수명 20년→25년 연장
2009년	해운법 시행규칙 개정	선박수명 25년→30년 연장
	해운법 일부 개정법률안	압류된 내항 여객선 운항 예외적으로 허용
2010년	해운법 시행령 개정안	대량 화물 화주가 사실상 소유·지배하는 법인에 대한 소유주식 지분의 기준 완화
2011년	해운법 일부 개정법률안	해운중개업, 해운대리점업, 선박대여업 및 선박관리업의 변경 등록 미이행 시 1년 이하 징역에서 100만 원 이하 과태료 부과로 완화
	해운법 시행령 개정안	외항 여객운송사업, 해운중개업 및 선박대여업의 면허·등록 및 감독 등에 관한 권한을 국토해양부 장관에서 지방해양항만청장으로 위임

---

69 오마이뉴스, 〈세월호는 10년간 '천천히' 침몰했다, 이렇게…〉, 2014. 7. 31
70 뉴시스, 〈박남춘 "MB 정부, 여객선 안전규정 줄줄이 완화"〉, 2014. 5. 12.

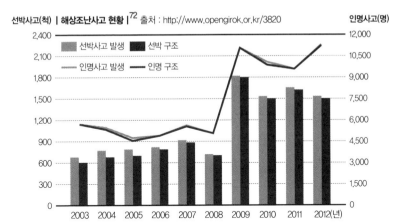

선박사고(척) | **해상조난사고 현황** |[72] 출처 : http://www.opengirok.or.kr/3820 인명사고(명)

단적인 예로, 정부는 2008년 11월 '여객선 안전관리지침'을 전면 개정하면서 운항관리자에 대한 해경의 교육마저도 포기한다. 연안해운선사들의 이익집단인 해운조합에 운항관리업무를 민간 위탁한 것도 문제인데, 교육마저 일임한 것이다. 과적과 과승을 단속해야 할 운항관리업무는 유명무실화되었다.[73]

박근혜 정부는 규제를 암 덩어리와 등치시키며 규제완화 정책을 노골적으로 밀어붙이고 있다. 정부의 규제완화 드라이

71 세계일보, 〈MB 정부 해운법 규제 줄줄이 완화 … 화 키웠다〉, 2014. 5. 2.
72 투명사회를 위한 정보공개센터, 〈해상조난사고 2009년부터 급증!〉, 2014. 4. 21.
73 오마이뉴스, 〈세월호는 10년간 '천천히' 침몰했다, 이렇게...〉, 2014. 7. 31.

브정책과 지향하에서는, 남아있는 안전관련 규제조차 현장에서 제대로 지켜질 리 없다. 세월호 참사의 직접적인 원인이 된 화물 과적, 고박 불량, 그리고 초기 대응 부실 등 모든 부분에서 정부의 무분별한 규제완화가 중요한 원인으로 언급되는 이유이다.

| 박근혜 정권 출범 이후 주요 안전 규제완화 사례 |[74] 자료 : 규제정보포털(규제개혁위원회 누리집)

법령(주무부처)	현행	완화 내용
해사안전법 (해양수산부)	항만 시설 규모와 상관없이 해상교통안전 진단 의무화	500톤 이하 등 소규모 선박이 주로 이용하는 항만 시설에 대한 안전진단 면제
	내항선 선장의 부적합 보고 및 연 1회 내부심사 의무	선장 보고의무 폐지
수상레저안전법 (해양경찰청)	동력 수상레저기구 조종 면허 취득 시 안전교육 의무화	위탁 교육기관에서 안전교육을 받았을 경우 추가 안전교육 면제
품질 경영 및 공산품안전관리법 (산업통상자원부)	정부, 안전관리 위반한 업체의 경우 '위해 사실' 내용을 언론매체를 통해 공표 명령	정부 조처받은 사실만 공표
위험물안전관리법 시행규칙 (소방방재청)	위험물안전관리대행기관 지정 요건 중 사무실 최소 면적 기준 명시	삭제
철도안전법 시행규칙 (국토교통부)	차종별로 내구연한을 정해 정밀 진단 거쳐 차량 수명 연장하는 제도	폐지, 관련업체의 안전관리 보고서 승인제로 대체

----

74 프레시안, 〈박근혜 정부 '해양 규제완화'가 참사 불렀다〉, 2014. 4. 24

바다를 덮친
민영화의 위험

수난구호법 개정과 해양구조협회 설립

재해를 예방하고 그 위험으로부터 국민을 보호하는 것은 헌법이 국가에게 부여한 가장 기본적인 의무이자 명령이다. 국민의 생명조차 보호하지 못하는 국가와 정부는 존재의 이유가 없다. 우리 헌법은 재해로부터 국민의 생명과 안전을 보호할 의무가 국가에 있음을 분명하게 밝히고 있다(헌법 제34조 6항).

그러나 해양사고로부터 국민의 생명과 신체 및 재산을 보호하기 위하여 만든 '수난구호법'이 2012년에 개정되면서, 해경은 이러한 국가의 중요한 의무인 해난구조업무를 민간에 위탁하기 시작했다. 비용을 절감할 수 있다는 이유에서다.

해난구조업무의 민간 위탁은 해경 산하 법정단체인 '한국해양구조협회'를 설립하는 것에서 시작되었다. 개정된 수난구호법 제26조는 한국해양구조협회의 설립 목적을 '해수면에서의 수색구조·구난에 관한 기술·제도·문화 등의 연구·개발·홍보 및 교육훈련, 행정기관이 위탁하는 업무의 수행과 해양구조·구난 업계의 건전한 발전 및 해양구조·구난 관계 종사자의 기술 향상'이라며 복잡하게 열거하고 있지만, 핵심은 '행정기관에서 위탁하는 업무의 수행', 즉 구조업무의 민영화에 있다.

민영화의 핵심은 국가의 기본적인 공공영역에 비용의 논리를 가져온다는 점이다. 이는 해난구조업무 민영화 과정에서도 고스란히 드러났다. 해경은 경찰 스스로 모든 장비를 구입·운영하는 것은 예산이 많이 소요될 뿐만 아니라, 협회를 통해 전문적인 장비를 갖춘 민간구난업체를 구조작업에 동원하면 예산도 줄이고 전문성도 확보할 수 있다고 설명했다.

해경은 해양에서 발생한 국민의 조난사고 구조가 가장 핵심적인 업무임에도, 자체 예산 중 해양안전 관련 예산을 지속적으로 줄이기 시작했다. 2010년부터 경비함정 운항에 필요한 유류비를 제때 지급하지 못해 이듬해로 비용을 이월해 지급했고, 지난해에는 해상종합 기동훈련을 4일에서 2일로 줄였다.

2006년부터 실시한 연안 구조장비 도입사업의 경우 2011년에는 53억 원이 예산으로 편성됐지만 점차 줄었다. 이후 예산은 2012년 44억 원, 2013년 23억 원, 2014년 35억 원으로 2011년도와 비교하면 큰 폭으로 감소했다. 이번 세월호 참사에서 드러난 것처럼 잠수용 전문 바지선조차 구입하지 않은 해경은 2011년에는 140억 원을 들여 39만3,759제곱미터(약 11만9,000평) 규모의 골프장을 해경교육원에 만들었다.

현행 수난구호법과 해난구조의 민간 이양

현행 수난구호법에 따르면 사고 책임선주는 사고 초기에 직접 구난구조업체를 선정하여 계약을 맺어야 한다. 이는 해난사고 발생 시 초기 골든타임이 가장 중요함에도, 구난구조업체 선정을 민간 책임선주에게 떠넘기면서 국가의 구조업무를 사실상 시장 논리에 맡겨두는 것이다.

| 해난사고 발생 시 수난구조 과정 |

사고 발생	대형 해난사고 발생
사고 수습 초기	• 해양경찰청 주도 구난구조 우선 착수(민관 합동) • 사고 책임 선주가 구난구조업체와 계약
사후비용 정산	• 선주와 계약된 보험회사에서 우선 구조업체 활동비 지급 • 비용이 과다한 경우 정부나 지방자치단체가 개입해 활동비 선지급 후 선주에게 구상권 청구

이에 따라 엄청난 구난구호 비용으로 인한 이해관계가 개입될 수밖에 없다. 수난구호를 핵심업무로 하는 해경은 이러한 이해관계를 방치하면서 구조업무를 더욱 더디게 만들었다. 그리고 민간구난업체들 간의 '힘 싸움'이 일어나 구조·수색작업이 제대로 이루어지지 못할 위험성도 크다.

| 세월호 구조작업과 관련한 해경·한국해양구조협회·언딘 |[75]

해양경찰청

해경 출신 재취업자 현황(지부 포함)

일련번호	성명	직책	소속	퇴직 당시 계급	퇴직 년도
1	○○○	상임부총재	본회	경무관(3급)	2012
2	○○○	부지부장	울산지부	총경(4급)	2011
3	○○○	사무국장	부산지부	경정(5급)	2013
4	○○○	사무국장	경기충남북부지부	경정(5급)	2013
5	○○○	사무국장	인천지부	경정(5급)	2013
6	○○○	사무국장	전북충남남부지부	경감(6급)	2013

〈언딘 주주 및 지분(자료: 감사 보고서)〉
· 김윤상(한국해양구조협회 부총재) : 64.52%
· 정부 지분 합계 : 29.92%
· 기타 : 5.56%

주식회사 언딘

세월호 구조 과정에서 구조작업을 주도한 것이 해경청장이나 해양수산부 장관도 아닌, 민간구난업체인 언딘의 간부들이라는 것은 공공연하게 알려진 사실이다. 이에 따라 민간업체와 해경 그리고 해양구조협회 사이의 부적절한 관계에 대한 의혹이 제기되었다. 실제로 구조작업을 담당했던 언딘의 김윤상 대표는 한국해양구조협회의 부총재로 밝혀졌고, 해양경찰청에서 퇴직한 해경 간부들이 해양구조협회의 본부뿐만 아니라 지역별 지부에 재취업한 사례가 많다.

해경과 언딘의 부적절한 관계 의혹

지난 2014년 7월 8일 감사원이 발표한 감사 진행 상황에 따르면 세월호 사고 당일 오후 3시경, 해경본청에서 청해진해운에 언딘과의 구난 계약 체결을 종용(직원이 3차례 통화)하는 등 구난업체 선정에 관여한 것으로 밝혀졌다. 실종자 수색·구조 작업이 진행되고 있어 선박을 '인양'하기 이른 시점이었는데도 말이다.[76]

또한 감사원은 검찰이 뒤늦게 해경의 일감을 몰아주려고 청해진해운에 언딘을 구난업체로 선정하도록 직간접적인 압력

---

75 아이엠피터, 〈세월호 참사로 드러난 '한국 해경의 실체'〉, 2014. 5. 1.
76 감사원 감사 진행 상황 발표자료, 〈세월호 침몰사고 대응실태〉, 2014. 7. 8.

을 행사했다는 의혹을 수사하고 있다. 최근에는 세월호 수색 현장에 급히 투입된 언딘의 바지선 '리베로호'의 진수식에 최상환 해경 차장과 총경급 간부 등이 초청받았던 것[77]으로 알려지면서 언딘과 해경과의 의혹은 더욱 짙어지고 있다. 한편 광주지검 해경수사전담팀은 해경이 언딘에게 독점적인 권한을 주기 위해 노력했다는 사실을 확인했다고 밝혔다.[78] 검찰은 해경이 세월호 침몰사고 수색 과정에 참여했던 구난업체 언딘에 독점적 권한을 주려 했다는 의혹을 수사하는 과정에서 최 차장의 혐의를 파악한 것으로 알려졌다. 최 차장이 평소 친분 관계 때문에 해경이 언딘에 일감을 몰아주려 했던 것으로 보고 있다.[79]

사고 초기 구조 과정에 미친 영향

해경은 사고 초기부터 현장에서 선박사고에 대한 철저한 구조 매뉴얼과 정확한 현장정보를 바탕으로 신속한 구조인력 투입과 활동이 이루어지도록 지휘해야 했다. 그럼에도 구난구조업무의 민영화에 따라 사고 초기 골든타임을 놓치고 우왕좌왕하며 시간을 낭비하는 결과를 초래했다.

----

77 JTBC 뉴스, 〈'언딘 진수식' 초청받은 해경 간부들… 유착 의혹 확산〉, 2014. 7. 10.
78 JTBC 뉴스, 〈해경, 언딘에 독점적 권한 주려고 노력' 정황 드러나〉, 2014. 8. 28.
79 한겨레신문, 〈'언딘에 세월호 수색 일감 몰아주기' 검찰, 최상환 해경차장 피의자 조사〉, 2014. 9. 2.

정부의
재난 대응 역량 부재

　박근혜 정부는 행정안전부를 안전행정부(이하 안행부)로 바꾸고 '재난 및 안전관리기본법'을 개정하여, 안행부의 재난관리 총괄·조정 기능을 강화하며 대규모 재난 발생 때 각 부처를 지휘하게 하는 재난안전관리법 체계를 만들었다.

　그러나 중앙재난안전대책본부(이하 중대본)는 이번 세월호 사고 대응에 있어 컨트롤타워의 역할을 전혀 수행하지 못하고 오히려 혼선만을 초래했다. 지난 7월 8일에 발표된 감사원의 '세월호 침몰사고 대응실태에 대한 감사 진행 상황'에서도 중대본이 사고 상황 및 구조 자원 파악, 행정적 지원 등 본연의 임무에는 소홀한 채 언론 브리핑에만 집중했다고 지적했다. 졸속으로 만든 정부정책의 결과물이다.

시스템의 형식화

안행부를 국가재난에 대응하는 사실상 최고기관으로 규정하고 중대본의 위상을 높이도록 한 '재난 및 안전관리기본법' 개정 당시에도, 전문가들은 안행부 중심의 국가재난관리 체계의 문제점을 경고했다. 지난해 6월 국회의원회관에서 열렸던 '국가통합재난관리 시스템 구축 및 운영방안' 정책 토론회 때도 대부분의 전문가들은 안행부가 국가재난 대응의 컨트롤타워로 재정립되는 개정안에 대해 한목소리로 우려를 표시했다.[80] 국가적 재난에 대응하는 컨트롤타워의 역할은 신속한 의사 결정을 할 수 있는 권한과 전문성을 필요로 한다. 각 부처를 신속하게 지휘하고 명령을 내리기 위해서는 행정부의 중심인 청와대가 그 역할을 담당하는 것이 가장 올바른 방법이다. 그러나 박근혜 정부는 이러한 책임을 스스로 회피하고 안행부에 떠넘겼다.

사실 안행부의 재난업무 비전문성을 걱정하는 목소리는 오래전부터 나왔다. 국회 입법조사처도 지난해 11월 중대본을

----

80 뉴스1코리아, 〈예견된 중대본의 실패… '안행부 중심 안 된다' 경고 외면〉, 2014. 04. 23.

중심으로 한 재난 대응 체계로는 지휘가 제대로 되지 않을 거라고 그 위험성을 예고했다. 배재현 입법조사관은 〈재난 및 안전관리기본법 개정의 의의와 과제〉라는 글에서 '중앙재난안전대책본부장이 사고수습본부를 지휘하면, 실질적으로 안행부 장관이 다른 부처 장관을 명령 체계에 의해 지휘한다는 것은 쉽지 않을 수 있다'며 한계를 지적했다. 전문가들의 사전 경고에도 '재난 및 안전관리기본법'은 정부의 계획대로 지난해 8월에 공포돼 올해 2월부터 시행됐다.

재난 및 안전관리기본법 개정 당시부터 제기되었던 위와 같은 문제점들은 이번 세월호 사고 대응 과정에서 그대로 드러났다. 중대본은 사고 초기에 상황 파악조차 제대로 하지 못하고 잘못된 언론 브리핑으로 혼선만 가중시켰으며, 정부 부처 간의 역할 배분과 조율에도 실패했다. 결국 대통령의 지시로 법적으로 근거도 없는 '범정부 사고대책본부'가 급조되자 중대본은 아무런 역할도 못하는 식물 대책본부로 전락했다.

개념 없는 인사정책

박근혜 정부가 시작되면서 행정안전부는 안행부로 개편되었고, 인적 재난사고에 있어 소방방재청이 가지고 있던 지휘 역할도 안행부로 집중되었다. 그 결과 소방방재청의 풍부한 재난현장 경험이 재난 대응의 컨트롤타워로 흡수되지 못하고, 현장 전문성이 떨어지는 안행부 고위 관료가 재난 대응을 총괄하게 되었다. 가장 신속하게 현장에서 필요한 결정을 내려야 할 중대본 지휘부가 대부분 행정고시 출신의 고위 관료로 채워진 상황에서 신속한 컨트롤타워 역할을 하는 것은 처음부터 불가능했다.

중대본 위원장인 강병규 안행부 장관은 유정복 장관이 인천시장으로 차출되면서 임명되었고 재난 대응 경험이 전무했다. 안전업무를 전담하는 안행부 제2차관직도 행정자치부 국가기록원장 출신의 비전문가가 임명되었다. 재난대책본부의 실무를 담당하는 안전관리본부의 본부장 역시 비전문가와 다름없었다.

| 중대본 지휘부의 재난 전문성 여부 |

이름 및 직위	직위	완화 내용	중대본에서 직위
강병규 안행부 장관	중대본 본부장	한국지방세연구원장, 대구광역시 행정부시장 역임	비전문가
이경옥 안행부 제2차관	중대본 차장	행자부 지역경제과장, 자치행정과장, 행자부 국가기록원장 등을 역임	비전문가
이재율 안행부 안전관리본부장	중대본 총괄조정관	경기도정책기획관, 화성시 부시장, 경기도 경제부지사 등을 역임	2010년 행안부 재난안전관리관 1년 경험이 전부

지휘부뿐만 아니라 중대본에서 실무를 담당하는 안행부 안전관리본부에서도 재난 전문가를 찾아보기 힘들다. 안전관리본부 소속 134명의 공무원 중 재난안전 분야와 연관이 전혀 없는 공무원이 55명으로 전체의 40퍼센트가 넘었다.[81] 현장 경험이 풍부한 재난안전 전문가가 턱없이 부족하다는 점은 중대본이 왜 사고 초기에 상황 파악조차 제대로 하지 못하고 우왕좌왕했는지를 잘 설명해준다.

----

81 연합뉴스, 〈안행부 안전부서 공무원 10명 중 4명 '無경력자'〉, 2014. 5. 11.

원칙 없는
정부조직 개편

이름뿐인 '안전'행정부로의 개명

| 박근혜 정부조직 개편 |

이명박 정부	변경 사항	박근혜 정부
기획재정부	경제부총리 시설	경제부총리 겸 기획재정부 장관 겸직
교육과학기술부	과학기술 분야 이관	교육부
외교통상부	통상 분야 이관	외교부
행정안전부	명칭 변경	안전행정부
농림수산식품부	수산식품 분야 이관	농림축산부
지식경제부	통상 분야 흡수	산업통상자원부
중소기업청	기능강화	지경부 산하 유지
식품의약품안전청	총리실 소속 위상 강화	식품의약품안전처
국토해양부	해양기능 이관	국토교통부
해양경찰청	소속 변경	해양수산부 산하 편입
특임장관실	폐지	
	신설	미래창조과학부
	부활	해양수산부

박근혜 정부는 국민안전을 최우선 국정과제로 하겠다며 종전의 행정안전부를 '안전행정부'로 개명하고, 직제를 개편하여 안행부의 재난관리 기능을 대폭 확대했다. 부서 간판을 교체하는 비용으로만 수천만 원의 세금을 썼지만, 태안 해병대캠프 익사사고, 경주 마우나리조트 붕괴사고, 이번 세월호 대참사 등 지난 1년 동안 대형 안전사고가 잇달아 발생했다.

　부처의 이름만 바꿨을 뿐 실질적으로는 안전업무와 무관한 인사로 구성되었기 때문에 안행부의 재난관리 능력은 오히려 후퇴한 것이다. 직제 개편을 했다고 하지만 선임인 제1차관은 여전히 '행정' 부분을, 후임인 제2차관은 '안전'을 담당하고 있다. 안행부 직원 중 안전관리본부 근무자는 10퍼센트에 불과하고, 재난·안전업무 책임부처인 안전관리본부 소속 공무원 10명 중 4명은 관련 분야의 근무 경험이 전혀 없는 것으로 나타났다.[82] 알맹이를 바꾸지 않고 포장지만 바꾼 뒤 무턱대고 권한만 확대해주다 보니 그나마 지금까지 쌓여온 행정기관의 전문성도 힘을 발휘하지 못했다. 이번 세월호 참사 직후 꾸린 중대본은 직제 개편으로 안행부 장관과 제2차관이 중대본의 본부장과 차장을 도맡게 되었지만, 수뇌부에 재난 대응 경험자가 없

----

82 연합뉴스, 〈안행부 안전부서 공무원 10명 중 4명 '無경력자'〉, 2014. 5. 11.

다 보니 가장 기본적인 승선자 인원도 제대로 파악하지 못하고 갈팡질팡했다. 과거 중대본 차장은 사회재난기능을 전담했던 소방방재청장이 맡아왔지만, 박근혜 정부의 직제 개편으로 소방방재청은 자연재해만 담당하는 것으로 축소되었다.

정부조직 개편으로 인한 혼선 및 기능 약화

박근혜 정부에서 행정안전부가 '안전행정부'로 바뀌면서 인적 재난사고에 있어 소방방재청이 갖고 있던 지휘 역할도 안행부가 떠맡았다. 소방방재청이 갖고 있는 풍부한 재난현장 경험이 안행부 고위 관료의 책상으로 고스란히 옮겨 간 것이다. 형식적으로는 안전을 중시하는 듯 보였으나 현장에서의 경험을 무시한 처방이었다.

관련 법안인 '재난 및 안전관리기본법' 개정안이 지난해 국회에서 통과될 때 역시 문제점이 지적되었다. 당시 국회 안전행정위 수석전문위원은 "재난 및 안전관리 업무가 효율적으로 진행되기 위해서는 소방방재청과 안행부 간 업무와 기능 재정립이 필요한 것으로 생각된다"고 의견을 표시했다. 그러나 실제로는 아무런 조치도 취하지 않았고, 오히려 이번 세월호 사고에서 안행부가 주재한 중대본은 혼선만 초래했다. 방재 전문가인 강남대 김근영 교수는 해양수산부 폐지·부활과 안행부

개편에 대해 "이번 사고와 일부 영향이 있다고 봐야 한다"고 말한 바 있다.[83]

해체된 해양수산부, 행정 공백 발생

세월호 참사 시점을 기준으로 여객선 안전문제와 사고 대응을 주관해야 할 주무부서인 해양수산부가 해체되었다가 부활한 것은 1년 2개월밖에 되지 않았다. 2008년 이명박 정부가 '작은 정부'를 지향한다며 해양수산부를 해체하였고, 해양수산부의 기능은 국토해양부·농림수산식품부 등으로 갈라졌다. 그리고 해양경찰청은 국토교통부 산하로 편입되었다. 박근혜 정부의 출범과 함께 해양수산부는 5년 만에 부활되었으나, 과거에 축적되었던 해양수산부 전문인력과 해상사고 대응 노하우가 남아 있을 리 만무했다. 또한 심각한 자질 시비를 불러일으켰던 윤진숙 장관에 대한 대통령의 임명 강행과 불명예 퇴진으로 인해 해양수산부는 해양정책 주무부처의 위상을 잃고 해양사고에 관한 권한을 사실상 안행부에 넘겨줬다.[84]

---

83 주간경향 1074호, '원칙 없는 정부조직 개편이 부른 혼선', 2014. 5. 6.
84 주간경향 1074호, '원칙 없는 정부조직 개편이 부른 혼선', 2014. 5. 6.

돌아온 해양수산부, 약해진 조직 장악력

해상안전정책을 수립하는 상급기관으로서 해양수산부의 기능이 축소되면서 이를 현장에서 집행하는 해경과의 관계가 모호해졌다.[85] 해경은 경찰청에서 분리된 후 해양수산부의 독립 외청이 됐다. 하지만 해양수산부가 해체되면서 국토교통부 소속이 되었다가 해양수산부의 부활과 함께 다시 해양수산부의 외청이 되었는데, 이 과정에서 해경에 대한 해양수산부의 조직 장악력이 약해졌다.

통상적으로 알려진 바에 따르면 해양수산부는 해역 관련 업무를 총괄한다. 특히 해양경찰청의 경우 해양수산부 조직도에 따라 해양수산부의 '외청'으로 존재한다. 해양경찰청은 조직도상 해양수산부 산하의 기관이지만, 실질적으로는 수사권(개인이나 단체, 기관 따위를 수사할 수 있는 법적인 권한)을 가진 독립기관으로 상당한 수준의 재량권을 가지고 있다. 그러나 해양수산부가 해체됐다가 부활하면서 산하 기관인 해경과의 관계도 애매해졌다. 각 분야의 책임자가 자주 바뀌면서 업무의 정확한 분담이나 인수인계가 흐지부지됐고, 해양수산부는 해경을 장악하는 힘을 잃어버렸다.

----

85 데일리안, 〈정부조직 개편 잦아 '주도권 싸움', 해양수산부의 해양경찰 장악력 저하〉, 2014. 5. 5.

이와 관련해서 새정치민주연합의 한 핵심 당직자는 최근 세모그룹 근무 경력이 밝혀져 경질된 이용욱 전 해양경찰청 정보수사국장의 일화를 언급했다. 그는 "세월호 사고 당일 현장에 내려갔더니 이주영 해양수산부 장관과 그 국장이 함께 있더라"면서, "주무부처의 장관이 그 국장에게 이런저런 지시를 내리는데 하나도 말을 안 듣고 건성으로 넘기더라. 장관이 말하는데 국장이 전화도 끊지 않고 대답도 잘 안 해서 놀랐다"고 귀띔했다.

해난구조 전문가 없는 해경 수뇌부

　정부조직 개편에 따라 이곳저곳의 지휘를 받았던 해경 역시 이번 세월호 승객 구조에서 한계를 드러냈다. 경찰청에서 독립했지만 현직 청장 외에 대부분의 청장이 경찰청 인사 가운데 임명됐다.[86] 실제로 1996년 이후 현재까지 역대 청장 13명 가운데 해경 출신은 2006년 8월부터 2008년까지 청장을 지낸 권동욱 전 청장과 지난해 3월부터 임기를 수행 중인 현임 김석균 총장 단 2명뿐이다. 반면 나머지 11명의 청장은 모두 육지경찰 출신이다. 다음의 표가 도움 될 것이다.

----

86 뉴스1 코리아, 〈육지경찰 된 '해양경찰', 터질 게 터졌다〉, 2014. 5. 19.

| 어떤 사람들이 해양경찰청장이 됐나 |[87]

대(代)	이름	직전 직책
1	조성빈	경찰청 차장
2	김대원	경찰청 기획관리관
3	김종우	경찰청 보안국장
4	이규식	경찰청 수사국장
5	박봉태	경찰청 보안국장
6	서재관	경찰청 경무기획국장
7	이승재	경찰청 경찰종합학교장
8	권동욱	해양경찰청 차장
9	강희락	경찰청 차장
10	이길범	경찰청 차장
11	모강인	경찰청 차장
12	이강덕	서울지방경찰청장
13(현재)	김석균	해양경찰청 차장

해난구조에 경험이 있는 해경 인사보다 경험이 없는 고시 출신 해경 인사들로 해경 지휘부가 구성되어 있는 것이다. 그 결과 지금까지 단 한 명의 실종자도 구조하지 못했다. 강남대 김근영 교수는 "해양수산부나 해경이나 조직이 바뀌고 또 책임자가 바뀌면서, 업무인수인계가 잘되지 않고 꼼꼼히 챙기지 못한 면이 이번 사고로 드러났다"고 말했다.[88]

----

87 조선일보, 〈현직 해양경찰청장도 경비艦 근무 경력 '제로'〉, 2014. 5. 24.
88 주간경향 1074호, '원칙 없는 정부조직 개편이 부른 혼선', 2014. 4. 30.

소통 없는 우후죽순 대응본부 설립[89]

부처 간 칸막이를 없애고 정부 내 소통과 협업을 강화한다는 '정부3.0' 방침도 이번 사고에서 그 부실함이 여실히 드러났다. 소통은커녕 관계 부처 중 제대로 현장을 파악한 곳이 전무했고, 긴급사태에 대응해야 할 중앙부처도 명확하지 않았다. 박근혜 정부는 위급상황 발생 시 소관 업무가 여러 부처에 분산돼 부처 간의 불협화음과 비효율을 초래한다며, 협업·소통을 강조하는 새로운 정부 운영 패러다임 정부3.0을 내놓은 바 있다. 산사태가 발생하면 국토교통부·소방방재청·한국도로공사·산림청 등 관련 부처가 공동으로 대응하고, 화학사고 예방·대응을 위해 안전행정부·환경부·고용노동부·산업통상자원부·국방부·소방방재청 등 6개 부처가 협업하는 '화학재난합동방재센터'를 출범시킨 것이 대표적인 사례다.

하지만 이번 세월호 침몰사고 수습 과정에서 정부3.0의 핵심 가치는 찾아보기 어려웠다. 사고 직후 각 부처는 저마다 대응본부를 세웠다. 안행부 내에서 중대본이 가동됐고, 세종정부청사에서는 해양수산부와 교육부가 각각 중앙사고수습본부를 세웠다. 해양경찰청은 목표와 인천에 지방사고수습본부를 설

---

89 조선비즈, 〈흔들리는 朴 정부 3대 키워드… '안전·정부3.0·규제개혁'〉, 2014. 4. 22.

치했고, 서해지방해양경찰청은 목포에 중앙구조본부를 세웠다. 난립한 대응본부들은 정보 공유는커녕 제각기 다른 메시지를 내놓으며 피해 대응에 혼란을 가중시켰다. 승선·구조인원이 엉터리로 발표되고 수차례 번복되는가 하면, 구조작업 도중 "선체 진입에 성공했다"는 중대본의 발표에 해양경찰청이 "선체 공기 주입이 성공한 것이지 선체 진입은 실패했다"는 해명을 내놓는 어처구니없는 상황이 벌어지기도 했다.

| 세월호 참사 때 설치된 대책본부 현황 |[90]

대책본부 명	주관 부처	위치
중앙재난안전대책본부	안전행정부	서울
중앙사고수습본부	해양수산부	세종
중앙사고수습본부	교육부	세종
지방사고수습본부	해양경찰청	인천
지방사고수습본부	해양경찰청	목포
사고대책본부(설치 발표 후 철회)	총리실	목포
중앙구조본부	서해해경	목포
범부처 사고대책본부	해양수산부 장관 총괄	진도
팽목항 사고대책본부	—	진도
진도실내체육관 사고대책본부	—	진도

----

90 전자신문, 〈현행 국가재난 대응 체계〉, 2014. 5. 11.

이에 총리실은 지난 4월 17일 우후죽순 생겨난 각 부처의 대응본부를 통합하기 위해, 정홍원 총리를 본부장으로 하는 '범정부 사고대책본부'를 꾸리겠다고 했다. 그러나 이를 번복해 4월 18일 이주영 해양수산부 장관을 본부장으로 '범부처 사고대책본부'를 구성했다. 사고가 발생한 지 사흘째에야 일원화된 통합대응본부를 꾸린 셈이다.

세월호 참사에 미친 영향

2008년 이명박 정부가 '작은 정부'를 지향한다며 해양수산부를 해체하였고, 해양수산부의 기능은 국토해양부·농림수산식품부 등으로 찢어졌다. 그리고 해양경찰청은 국토교통부 산하로 편입되었다. 박근혜 정부 출범과 함께 5년 만에 해양수산부는 부활되었으나, 과거에 축적되었던 전문인력과 해상사고 대응 노하우는 사라졌다. 또한 해상안전정책을 수립하는 상급기관으로서 해양수산부의 기능이 축소되면서, 이를 현장에서 집행하는 해경에 대한 조직 장악력이 약화되었다. 이는 구조현장에서 지휘부의 상황 파악을 더디게 만들었다.

또한 정권이 바뀔 때마다 원칙 없이 이루어지는 정부조직 개편에 따라 이곳저곳의 지휘를 받았던 해경 역시, 해난구조에 경험이 있는 해경 인사보다 경험이 없는 고시 출신 해경 인사들로 지휘부가 채워졌다. 그 결과 해경은 사고현장에서 구조 시점을 놓치거나 구조의 주요 지점을 잘못 잡는 등 적절한 판단을 하지 못했다. 또한 박근혜 정부에서 행정안전부가 안전행정부로 바뀌면서 소방방재청의 풍부한 재난현장 경험이 안행부의 책상으로 옮겨갔다. 그 결과 이번 세월호 사고에서 안행부가 주재한 중대본은 오히려 혼선만 초래했다.

이처럼 정부의 원칙 없는 조직 개편 과정에서 발생한 재난관리 기능의 총체적 후퇴, 해양수산부의 해체와 재건으로 인한 해난구조 노하우의 상실, 해양수산부의 해경에 대한 조직 장악력 약화, 실무 경험이 없는 인사들의 해경 지휘부 구성 등은 세월호 침몰사고가 대참사로 이어지는 하나의 원인이 되었다.

안전관리 능력이 없는
무능한 감독기관

선박에 대한 등록, 면허, 검사 및 운항과 관련하여

(현행 여객선 안전관리 체계)

현행 여객선 안전관리 및 감독은 단계마다 분리돼 있다. 주무부처인 해양수산부가 관리 감독 권한을 해경과 해운조합, 한국선급 등에 위임하고 있기 때문이다.[91] 이에 따라 각 기관들은 저마다 선박 안전과 관련한 업무를 다음과 같이 담당하고 있다.

---

91 '여객선 감독기관 주체별 업무 및 법적 근거'는 부록(188쪽)에 수록되어 있다.

해양수산부	여객선에 대한 면허, 선박 안전에 관한 법령을 관장 → **한국선급에 대한 지도 감독**
해경	연안 VTS 운영, 수색·구조, 여객선 안전관리 관장 → **한국해운조합에 대한 지도 감독**
한국해운조합	여객선 안전관리(과승·과적) 및 안전점검 업무를 담당 → **해운사에 대한 안전운항 지도 감독**
한국선급	선박안전법 및 구조·설비 기준에 의한 검사업무를 담당[92] → **정부의 선박 검사업무 대행**

지난 7월 8일 감사원이 발표한 세월호 침몰사고 대응실태 감사 진행에 따르면, 세월호 도입부터 증축, 안전점검, 운항관리 등의 여객선 안전관리가 부실하여 '복원성이 취약한 세월호가 과적·고박 불량 상태에서 출항하게 된 것'이 사고 발생에 영향을 미친 것으로 나타났다.

해양수산부는 세월호 선박 증선 과정에서 변조된 자료에 근거하여 부실한 증선 계획을 가(假)인가했다. 이후 청해진해운은 2012년 선령이 18년이었던 세월호를 도입해 개조하였고, 한국선급으로부터 개조된 배의 복원성, 화물적재량, 구명 설비

---

92 1960년 해운사들이 출자해 설립한 비영리 사단법인인 한국선급은 선박검사 기술력이 쌓이면서 정부를 대행하여 검사업무를 맡기 시작했다. 한국선급은 대부분의 대형 선박을 검사하는 반면, 소형 어선이나 일반 내항선은 준정부기관인 선박안전기술공단이 검사한다.

등을 검사받았다. 그리고 해양경찰청으로부터 안전관리 조직, 운항 조건 등 운항관리규정을 승인받았다. 이어 해양수산부는 선령, 시설, 항로 등 운항안전에 관한 일반적 사항을 심사해 여객운항 면허를 발급했다. 그 뒤 해운조합 소속 운항관리자가 여객선 안전점검을 총괄하고, 해경은 운항관리자를 지도·감독하고 출항을 통제한다.

| 여객선 안전관리 체계 |[93]

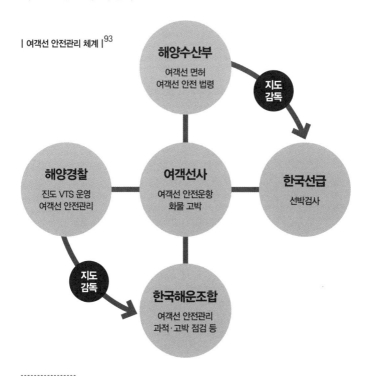

93 한국선급 공개자료, 〈여객선 '세월호' 관련 참고자료 1〉, 2014. 6. 3.

하지만 청해진해운은 선령 규제완화를 계기로 무리한 증축과 설계 변경을 했고, 한국선급은 복원성 등의 선박검사를 부실하게 수행하고 이를 승인했다. 운항관리규정을 심사하는 해경은 한국선급의 복원성검사 결과와 다르게 작성된 세월호 운항관리규정을 승인했다. 더불어 출항 전에 안전점검을 하는 해운조합의 운항관리자는 세월호의 화물적재·고박 상태에 대한 확인 없이, 이를 서류로 대체하고 출항을 허가했다. 해경은 이렇게 형식적 점검이 지속·관행화되어 있음에도 지도·감독을 소홀히 했다.[94] 위와 같은 여객선 안전관리의 부실은 피감기관과 감독기관의 민관유착 관행이 고착화되면서 더욱 심화된 것이다.

| 세월호 침몰사고 대응 실태 |[95]   감사진행사항

----

94 감사원 감사 진행 상황 발표자료, 〈세월호 침몰사고 대응실태〉, 2014. 7. 8.
95 감사원 감사 진행 상황 발표자료, 〈세월호 침몰사고 대응실태〉, 2014. 7. 8.

부실한 관리 감독의 근본적 원인 :

피감기관과 감독기관의 민관유착 관행 고착화, 해피아 문제

선박의 안전점검을 담당하는 해운회사들의 이익단체와 이들을 관리 감독해야 하는 행정기관인 해양수산부와 해경의 유착관계는 이미 관행화되어 '해피아[96]'라는 신조어까지 만들어냈다. 세월호 참사 당시 해양수산부 산하의 공공기관 14곳 가운데, 해양수산부 출신이 기관장인 곳은 11곳에 이르렀다. 한국해운조합은 주성호 이사장을 포함하여 역대 이사장 12명 가운데 10명이 해양수산부 출신이다. 해운조합 본부장(상임이사) 3명 가운데 2명도 해양수산부와 해양경찰청 고위간부 출신으로, 사실상 한국해운조합 고위직은 해피아가 장악하고 있는 형국이다.

대형 선박에 대한 안전검사를 진행하는 한국선급 역시 해피아의 그늘 아래 있다. 한국선급은 1960년에 출범한 이후, 12명의 이사장 가운데 8명이 해양수산부를 포함한 정부 관료 출신이었다.[97] 해양수산부 출신이 산하 기관의 장을 맡다 보니 관리 감독이 제대로 이뤄지지 않았다.

----

96 해양수산부, 해양경찰청, 한국선급, 선박안전기술공단, 한국해운조합의 끈끈한 공생관계를 지칭하는 표현이다.

97 조선비즈, 〈해피아, 세월호 참사의 책임자들〉, 2014. 5. 2.

이름	현직	해수부 경력
주성호	한국해운조합 이사장	차관
김규섭	한국선급 정부대행검사본부장	해사기술과장
부원찬	선박안전기술공단 이사장	여수지방해양항만청장
서재연	수협 조합감사위원장	수산정책과장
방기혁	한국어촌어항협회 이사장	수산정책관
이장훈	한국선주상호보험조합 고문	해사안전정책관

해운조합	**성격** 해운사들의 이익단체 **업무** 해운사에 대한 안전운항 지도·감독
한국선급	**성격** 설립에 해운사 출자금 참여한 민간법인 **업무** 정부의 선박검사 업무 대행
선박안전 기술공단	**성격** 민간협회로부터 재산을 인수해 설립 **업무** 선박 도면 승인 해수부 업무 위탁

선박안전법상 여객선은 5년마다 정기검사, 1년마다 중간검사를 받아야 한다. 세월호 사고가 발생하기 불과 2달 전인 2014년 2월 10일, 한국선급 목포지부는 세월호의 중간검사를 실시했다. 당시 검사에서 조타기, 스태빌라이저, 물에 닿으면 저절로 펼쳐지는 구명벌(구명정) 등 200여 개 항목을 점검했지만 아무런 이상이 없는 것으로 처리됐다. 중간검사 이후 15일이 지

----

98 중앙일보, 〈세월호 부실한 안전검사 뒤엔 해피아 있었다〉, 2014. 4. 22.

난 2014년 2월 25일 인천해경, 한국해운조합, 인천지방해양항만청 등 5개 관계기관이 실시한 특별 점검에서도 핵심 구명장비의 오작동 가능성은 걸러지지 않았다. 하지만 침몰 당시 갑판 양쪽에 설치돼 있던 25인승 구명벌 46척 중 제대로 작동한 것은 단 1척뿐이었다.

그리고 세월호에 비치된 승객용 구명조끼는 대부분 제조된 지 20년이 넘은 것으로 드러났다.[99] 실제로 세월호 침몰 뒤 사고해역에서 수거된 구명조끼의 제조 시기는 1994년으로 표기돼 있었다. 구명조끼의 수명을 정해놓은 규정은 없지만, 조끼 내부의 스티로폼 등은 염도가 강한 해풍으로 인해 시간이 지날수록 부식되는 경우가 많다. 따라서 해운업계에서는 제조 시기로부터 20년 이상 된 구명조끼의 경우 부력 기능을 잃었을 수도 있다고 본다.

이는 비단 세월호만의 문제가 아니라 일상화된 구조적 문제이다. 최근 5년간 한국선급의 선박검사 합격률은 놀랍게도 평균 100퍼센트였다. 5년간 총 1만255척의 선박이 검사를 받았는데, 그중 합격 선박이 1만255척인 것이다. 국회 농림수산식품해양수산위원회 소속 새누리당 윤명희 의원이 지난해 10월

----

99 동아일보, 〈세월호 구명조끼 20년이 넘은 고물〉, 2014. 4. 28.

선박안전기술공단으로부터 제출받은 자료에 따르면, 최근 5년 간 선박검사 합격률은 평균 99.99퍼센트였다. 실제로 2011년과 2012년의 선박검사 합격률은 각각 99.98퍼센트, 99.96퍼센트를 기록했다. 그런데 선박 결함으로 인한 사고 비율은 같은 기간 6.8퍼센트에서 12.1퍼센트로 2배 가까이 증가한 것으로 조사되었다.[100]

| 선박검사 기관별 합격률 |

선박검사 기관	검사 대상 선박	최근 5년간 선박검사 합격률
한국선급	대부분의 대형 선박	100%
선박안전기술공단	소형 어선, 영세 선박	99.99%

| 최근 5년간 한국선급의 선박검사 내역 1 |[101]

구분	2009년		2010년		2011년	
	검사 선박	합격 선박	검사 선박	합격 선박	검사 선박	합격 선박
50톤 미만	14	14	14	14	15	15
50톤 이상~100톤 미만	34	34	32	32	31	31
100톤 이상~1,000톤 미만	597	597	683	683	705	705
1,000톤 이상~10,000톤 미만	591	591	683	683	750	750
10,000톤 이상	371	371	453	453	703	703
합계	1,607	1,607	1,865	1,865	2,204	2,204

---

100 뉴시스, 〈최근 5년간 선박 안전점검 합격률 '99.99%'〉, 2014. 4. 21.
101 한국선급 제출자료, 〈최근 5년간 한국선급의 선박검사 내역〉

구분	2012년		2013년		합계(척)	
	검사 선박	합격 선박	검사 선박	합격 선박	검사 선박	합격 선박
50톤 미만	20	20	18	18	81	81
50톤 이상~100톤 미만	28	28	36	36	161	161
100톤 이상~1,000톤 미만	758	758	727	727	2,470	2,470
1,000톤 이상~10,000톤 미만	755	755	852	852	3,631	3,631
10,000톤 이상	653	653	732	732	2,912	2,912
합계	2,214	2,214	2,365	2,365	10,255	10,255

*최근 5년간 한국선급의 선박검사 합격률 : 평균 100%

| 최근 5년간 선박안전기술공단의 선박검사 내역 |[102]

연도	사고 건수	선박검사 수(척)	선박검사 합격률(%)
2009년	29(10.3%)	30,315	99.98
2010년	38(11.6%)	35,041	99.99
2011년	19(6.8%)	34,171	99.98
2012년	33(12.1%)	28,833	99.96
2013년	23(9.5%)	25,870	99.95

*선박안전기술공단은 선박안전법에 의거, 선박에 대한 정기검사, 중간검사를 시행해야 함
*최근 5년간 선박안전기술공단의 선박 검사합격률 : 평균 99.99%

　　민관유착은 해양수산부와 유관단체에만 국한되는 문제가 아니다. 5월 12일 새누리당 이장우 의원이 17개 정부부처를 통

---

102 한국일보, 〈해수부·해경엔 전문인력 부재… 선박안전검사 감독 '구멍'〉, 2014. 4. 22.

해 제출받아 공개한 자료에 따르면, 각 부처에서 4급(서기관) 이상 간부로 일하다 산하 공공기관이나 공기업 또는 관련 협회 등에 재취업한 퇴직 관료는 384명에 달했다. 이 의원이 제출받지 못한 감사원과 지방자치단체 주요 간부와 금융위원회, 공정거래위원회, 방송통신위원회 등 정부위원회까지 포함하면 500여 명에 달할 것으로 추산된다.[103]

| 부처별 퇴직 관료 산하 기관 재취업 현황 |[104] 4급 이상 기준

부처	재취업자 수	부처	재취업자 수
산업통상자원부	64명	고용노동부	27명
농림축산식품부	42명	법무부	24명
국토교통부	42명	교육부	15명
해양수산부	35명	안전행정부	12명
문화체육관광부	32명	통일부	11명
보건복지부	31명	기타 5개 부처	22명
환경부	27명	합계	384명

특히 세월호 참사로 인해 퇴직 관료의 산하 기관 낙하산 진출을 둘러싼 비난 여론이 높아지는 가운데, 박근혜 정부에서 공기업으로 진출한 '관피아(관료+마피아)'가 이명박 정부에 비해

103 이데일리, 〈퇴직공무원 재취업 제한 민간협회까지 확대… 비리사슬 끊어야〉, 2014. 5. 12.
104 이데일리, 〈퇴직공무원 재취업 제한 민간협회까지 확대… 비리사슬 끊어야〉, 2014. 5. 12.

공기업	주무부처	임원수	관료 출신	주무부처 출신
한국관광공사	문화체육관광부	10	2	2
여수광양항만공사	해양수산부	9	3	3
대한주택보증	국토교통부	11	4	4
한국석유공사	산업통상지원부	13	3	3
울산항만공사	해양수산부	10	7	6
인천항만공사	해양수산부	11	5	4
한국마사회	농림축산식품부	14	4	3
한국감정원	국토교통부	11	7	5
해양환경관리공단	해양수산부	10	5	3
부산항만공사	해양수산부	11	5	3
한국철도공사	국토교통부	14	5	3
제주국제자유도시개발센터	국토교통부	10	6	3
한국가스공사	산업통상자원부	7	2	1
한국토지주택공사	국토교통부	15	4	2
한국수력원자력	산업통상자원부	12	2	1
한국조폐공사	기획재정부	11	5	2
한국공항공사	국토교통부	13	6	2
한국중부발전	산업통상자원부	9	3	1
한국광물자원공사	산업통상자원부	9	4	1
한국지역난방공사	산업통상자원부	10	4	1
한국방송광고진흥공사	방송통신위원회	12	4	1
한국도로공사	국토교통부	15	5	1
한국전력공사	산업통상자원부	15	6	1
대한석탄공사	산업통상자원부	9	4	0
인천국제공항공사	국토교통부	11	4	0
한국남부발전	산업통상자원부	9	3	0
한국동서발전	산업통상자원부	9	2	0
한국남동발전	산업통상자원부	9	1	0

늘었다는 조사 결과가 나왔다. 전임 이명박 정부 시절인 2012
년과 비교해 비(非)직속 관료 출신 임원은 76명(66.7퍼센트)에서
59명(51.3퍼센트)으로 많이 줄었으나, 해당 공기업의 직속 감독
부처 출신은 38명에서 56명(48.7퍼센트)으로 늘었다. 현 정부 들
어 공기업에 대한 주무부처의 영향력이 강화됐음을 보여주는
대목이다. [106]

세월호 참사에 미친 영향

해경의 부실한 안전점검으로 인해 세월호는 비상훈련, 안
전시설, 고박장비, 구명장비 등의 부분에서 미리 침몰에 대비
할 수 있었음에도 불구하고 위험을 안고 출항했다. 차량 등 화
물 과적 역시 해경의 승인 없이는 불가능한 일이다. 한국선급
의 부실한 선박검사와 해운조합 운항관리사의 형식적인 안전
운항관리 역시 세월호 참사의 단초를 제공했다.

〈광주지방법원 2014고합180 – 검찰 공소장 기재 내용 중〉
피고인 박○○은 화물 적재 상태 등에 대한 점검을 실시하지 않은
채 안전점검 보고서 양식 밑에 먹지를 대고 현원란, 여객란, 일

---

105 세계일보, 〈공기업 '관피아' 박정부 들어 늘었다〉, 2014. 5. 18.
106 세계일보, 〈공기업 '관피아' 박정부 들어 늘었다〉, 2014. 5. 18.

반화물란, 자동차란을 제외한 선체 상태, 기관 상태, 통신 상태, 화물적재 상태, 선박 흘수 상태, 객실 청소 정비, 연료적재 상태를 모두 '양호'에 표시하고, 피고인 이준석 선장의 서명을 기재한 다음 위 안전점검 보고서 2부를 인천운항관리실 소속 안전운항 관리자인 전〇〇에게 제출하고 (…)

이후 세월호가 출항하자 피고인 박〇〇은 피고인 김〇〇가 알려주는 대로 현원란에 474명, 여객란에 450명, 일반화물란에 657M/T, 컨테이너란에 없음, 자동차란에 150대를 기재하고, 운항관리자 전〇〇에게도 무전기로 알려주어 동일 내용이 기재되게 하였으며, 피고인 이준석 선장은 위와 같이 작성된 안전점검 보고서의 기재 사항을 확인하지 않았다.

선장과 선원들에 대한 위 공소장 내용을 보면 해운조합 운항관리자는 출항 전 세월호의 화물중량 및 차량 대수 등을 실제로 확인하지 않고 승무원이 무전 등으로 알려준 수치를 기재한 것으로 드러났다. 심지어 출항 전 작성된 여객선 안전점검 보고서를 보면, 출항 시간마저 실제 출항 시간인 21시가 아니라 원래 출항 예정 시간인 18시 30분으로 기재되어 있고 컨테이너란은 아예 기재되어 있지도 않았다.

이러한 부실한 관리 감독은 근본적으로 정부가 안전관리

업무를 민간의 이익단체에 외주화하고, 특정 단체가 안전업무를 독점하게 되면서 발생했다. 이는 이른바 '해피아'라고 불리는 정부와 유관단체의 유착관계로 인해 부실 관리는 시간이 갈수록 더욱 고착화되었다. 그 결과 세월호가 출항하기 전에 충분히 미연에 방지할 수 있었던 위험은 참사가 되어 돌아왔다.

| 출항 전 여객선 안전점검 보고서 |

컨트롤타워 역할을 하지 못한
청와대와 대통령

재난 컨트롤타워에 대한 청와대의 말 바꾸기

세월호 참사 초기에 각 부처와 해당 기관에서 조직한 대책본부가 난립하고, 이를 총괄하는 컨트롤타워가 부재하면서 구조와 수색 과정은 혼선을 거듭했다. 청와대는 재난 대응의 컨트롤타워가 아니므로 법적 책임이 없다는 김기춘 비서실장의 기관보고에서의 답변에도 불구하고, 청와대의 컨트롤타워 역할에 대한 문제 제기가 계속되고 있다.

청와대는 2014년 4월 23일 민경욱 대통령비서실 대변인이 김장수 전 국가안보실장의 "국가안보실은 재난사고의 컨트롤타워가 아니다"라는 발언에 대해 해명하며, "청와대가 아니라 안보실이 재난 컨트롤타워가 아니라는 의미"라고 하여 청와대가 재난사고의 컨트롤타워임을 간접적으로 인정한 바 있다.[107] 이처럼 청와대는 재난 컨트롤타워와 관련하여 필요에 따라 말 바꾸기를 해왔다.

| 필요에 따라 말 바꾸는 청와대 |

2014년 4월 18일	김장수 당시 국가안보실장	"(청와대 국가안보실은) 국가안보 및 위기관리 전반에 관련된 범정부적 대응활동을 조정, 통제하며 **국가비상사태에 대비하는 컨트롤타워로서의 역할을 수행**할 수 있도록 국가위기 관리업무수행 체계를 구축하고 있다."(국회 운영위원회에서 발언)
2014년 4월 23일	김장수 당시 국가안보실장	"(청와대) 국가안보실이 **재난 컨트롤타워라는 일부 언론의 보도는 오보**"(세월호 사고 후 민경욱 대변인 통해 브리핑)
2014년 4월 23일	민경욱 청와대 대변인	"(김장수 실장의 발언 취지는) 청와대가 아니라 **안보실이 재난 컨트롤타워가 아니라는 의미**"(김장수 당시 국가안보실장 발언에 대해 부연하며)
2014년 7월 10일	김기춘 대통령 비서실장	"**청와대는 법적으로 재난 컨트롤타워 아니다.**" "청와대 상황실이 구조를 지휘한 일은 없다."(국정조사 기관보고 중)

정부조직법 제11조는 대통령이 정부의 수반으로서 모든

---

107 동아일보, 〈"컨트롤타워 아니다" 재난책임 회피 발언… 김장수 문책 결정타〉, 2014. 5. 23.

중앙행정기관의 장을 지휘 감독하는 행정감독권을 가진다고 규정하고 있다. 따라서 설령 청와대가 수난구호법상 해양재난 사고의 직접적인 컨트롤타워는 아니더라도, 정부조직법상 컨트롤타워로서 행정감독권을 행사하지 않은 것에 대한 법적 책임을 대통령이 지게 되는 것이다. 즉 해양경찰청장과 안행부 장관이 사고 초기 초동 대응을 하지 못하고 있을 때, 해경이 법적 권한으로 해군 혹은 민간잠수사들의 지원을 차단하고 있을 때 청와대와 대통령은 이를 수정하고 조율했어야 한다.

구조를 방해하는 청와대

구조작업 골든타임인 4월 16일 오전 10시 25분경, 청와대 국가안보실 위기관리센터는 해경 본청 상황실과 핫라인(hot line, 긴급 비상용으로 쓰는 직통전화) 교신으로 해경청장에게 "단 한 명도 인명피해가 발생하지 않도록 하라"고 지시하고, "여객선 내에 객실 엔진실 등을 포함해서 철저히 확인해서 누락되는 인원이 없도록 하라"고 대통령의 지시사항을 전달한다. 반면 대통령의 지시사항을 전달하면서 현장의 구조작업보다 보고를 위한 현장 영상 화면을 확보하는 것이 더 중요하니, 영상부터 띄우라는 매우 부적절한 요구를 하고 있다.

청와대 해경청장님 어디 계십니까?

해경청 여기 상황 위기관리실 회의실에 계십니다.

청와대 회의실에 계십니까? VIP 메시지 전해드릴 테니까.

해경청 예.

청와대 빨리 전해주세요.

해경청 예.

청와대 첫째, 단 한 명도 인명피해가 발생하지 않도록 하라.

해경청 예.

청와대 ·······.

해경청 예.

청와대 그냥 적어. 그다음에 여객선 내에 객실 엔진실 등을 포함해서 철저히 확인해가지고 누락되는 인원이 없도록 해라. 자, 그 2가지를 말씀하셨으니까 일단 청장님한테 메모로 넣어드리고 업데이트 추가된 거 있어요? 아, 왜 자꾸 인원이 틀려?

해경청 아, 예. 저희 아까 현장에서 저희 P정에서 123정에서 구조한 거를 행정선에서 인계한 거를 행정선에서 구조한 거로 파악을 했구요.

청와대 그랬구나.

해경청 예, 그래가지고 지금 헬기로는 현재 18명을 구조했습니다.

청와대 예, 헬기 18명.

해경청 예, 승객 100톤으로 52명 했구요.

청와대 헬기 18명.

해경청 예, 승객 52명요.

청와대 승객.

해경청 100톤짜리가 52명을 현재.

청와대 다시, 다시 헬기 18명 그다음에 배로.

해경청	배로 52명 구조해가지고 행정선으로 인계했고요. 그래서 현재 70명 구조한 것으로 파악이 됐습니다. 좀 더 세부적으로 더 파악을 해야겠습니다. 파악해서 보고드릴게요.
청와대	이거 가지고는 안 되고 가장 중요한 게 인원 파악이니까, 구조인원 파악이니까 인원 파악을 좀 잘해야 돼요.
해경청	예, 알겠습니다.
청와대	오케이, 그다음에 영상 시스템 몇 분 남았어요?
해경청	거의 10분 정도면 도착할 것 같습니다.
청와대	예.
해경청	10분 이내에 도착할 것 같습니다.
청와대	거 지시해가지고 가는 대로 영상 바로 띄우라고 하세요. 다른 거 하지 말고 영상부터 바로 띄우라고 하세요.
해경청	예.

　　국가안보실이 위급한 상황 속에서도 "영상부터 띄우라"고 한 것은 구조작업을 안중에 두지 않았던 청와대의 시각을 보여주는 단면이다. 청와대는 구조작업을 지원하고 지휘한 것이 아니라 오히려 구조작업에 방해가 되고 있었던 것이다.

　　또한 청와대 이명준 행정관은 구조세력 간의 원활한 의사소통을 위해 해경이 사용하는 상황정보문자 시스템(이메이트)에 들어와 지속적으로 상황보고를 요구했다. 그는 4월 17일부터 22일까지 6일 동안 139개의 메시지를 3009함[109]으로 보냈다. 그

---

108 새정치민주연합 우원식 국회의원이 공개한 자료이다.
109 3,000톤 급 목포해경 소속의 경비함으로 사고 초기부터 지휘함의 역할을 했다.

러나 구조활동에 대한 지시는 없고 상황보고만을 계속해서 요구했는데, 이에 대해 3009함은 일일이 답하고 있었다. 이명준 행정관은 3009함의 대답이 늦어질 때면 상황 조치 중인 해경 상황실과 함정의 발언을 막으며 군기를 잡는 태도까지 보였다. 이는 대통령 보고를 위해 현장의 구조활동을 방해하는 것으로밖에 볼 수 없다. 동시에 이와 같은 무리한 상황보고 요구는 "한 명도 인명피해가 발생하지 않도록 하라"는 대통령의 지시와 어긋나는 것이므로 대통령 지시의 존재 여부에 대해서도 의혹이 제기된다.

사고 당일인 4월 16일 오후에 사고해역에 있었던 3009호 지휘함에서 해군 간부와 해경청장, 서해청장 등 주요 간부 등이 모였지만, 청와대에서 걸려온 많은 전화로 인해 회의가 5분 만에 끝났다는 의혹도 제기되었다.[110] 이에 대한 명확한 진상규명이 요구된다.

대통령의 묘연한 행적과 청와대 지시사항의 부적절성

4월 16일 오후 5시 15분, 대통령이 중대본을 방문할 때까지 총 24번의 보고와 2번의 지시가 이루어지는 동안, 비서실장

----

110 뉴스타파, 〈세월호 골든타임, 국가는 없었다〉, 2014. 7. 24.

시간	주요상황	경로	수단
09:19	YTN 뉴스 속보 통해 사고 인지	상황실	TV
09:20	상황실 간 사고 여부 확인	청와대→해경청	전화
09:20	상황실, 안보실장 보고	상황실→안보실장	전화
09:24	YTN 뉴스 속보 통해 사고 인지	국가안보실→청와대	문자
10:00	**안보실, 대통령 서면 보고(대통령 첫 인지)** • 내용 : 사고 개요, 선박 제원, 구조인원 현황 및 조치 • 사고접수 후 1시간 8분, 상황실 확인 후 40분 소요	안보실장→대통령	문서
10:15	**안보실장, 대통령 전화받고 유선 보고** • 대통령, 사고 관련 첫 지시 하달	대통령→안보실장	전화
10:17	**세월호 구조불가 상태**(기울기 108도 침몰, 선체에서 해경 철수)		
─	**안보실장, 해경청장 통화 실패** (김규현 1차장 설명) 안보실장이 대통령 통화 후 즉시 전화했 으나 해경청장 헬기 탑승으로 실패	안보실장→해경청장	전화
10:25	**청와대, 기관에 대통령 지시사항 통보** "단 한 명의 인명피해도 발생하지 않도록 하라. 여객선 내 객 실 등을 철저히 확인하여 누락되는 인원이 없도록 하라." • 사고접수 후 1시간 33분, 대통령 보고 후 25분 소요	청와대→해경청, 중대본	전화
10:30	민경욱 대변인 브리핑(김기춘 비서실장 운영위 증언 시각)		
10:30	**대통령, 해경청장에 지시** "특공대를 투입해서라도 현장 인원구조에 최선을 다할 것"	대통령→해경청장	전화
16:10	비서실장 주재 수석비서관 회의(대통령 인지 후 6시간 10분간 회의 없음)		
17:15	**대통령, 중대본 방문**(첫 서면보고 후 7시간 15분간 행적 묘연) "구명조끼를 학생들은 입었다고 하는데 발견하기 힘듭니까?" "처음 구조인원 발표된 것하고 또 나중에 확인된 것하고 차이가 무려 200이나 있었는데 어떻게 그런 큰 차 이가 날 수 있습니까?" "경찰특공대라든가 이런 구조인력들이 투입이 되고 있는 것으로 아는데…"		

과 국가안보실장은 대통령을 한 번도 대면하지 않았으며 대통령이 어디에 있었는지 모른다고 답변했다. 재난 대응의 컨트롤 타워를 지휘 감독해야 할 대통령이 사고 발생 후 8시간 동안 대면 보고를 받지도 않았고 회의를 주재하지도 않았다. 그 결과 박근혜 대통령이 사고 상황을 제대로 파악조차 할 수 없었던 게 아닌가 하는 의혹이 더욱 짙어지고 있다.

| 사고 당일 대통령의 지시사항 부적절성 |

시간	내용	적절한 지시였는지 여부
10:15 첫 번째 지시	"단 한 명의 인명피해도 발생하지 않도록 할 것, 선내 객실 등을 철저히 확인하여 누락되는 인원이 없도록 할 것"	이 시각 이미 세월호는 모든 입구와 갑판이 침수되어 진입 불가인 상황(부적절)
10:30 두 번째 지시	"해경특공대를 투입해서라도 현장 인원구조에 최선을 다할 것"	해경특공대는 대테러작전과 요인경호, 폭발물 처리 등이 주요 임무. 즉, 잠수를 통한 구조활동을 하는 전문인력이 아님(부적절)
17:15 세 번째 지시	"다 그렇게 구명조끼를 학생들은 입었다고 하는데 그렇게 발견하기가 힘듭니까?"	이 시각 293명의 실종자 전원 배안에 갇힌 채로 세월호는 선수 부분을 제외하고 완전 침몰 상태(부적절)

대통령이 사고 당일 오전 10시 15분경 안보실장에게 유선

---

111 새정치민주연합 김현미 위원이 공개한 자료. 7월 8일 국회운영위원회의 속기록과 국가안보실 서면 답변을 통해 재구성했다.

통화로 전달한 첫 번째 지시사항은 단 한 명의 인명피해도 발생하지 않도록 할 것, 그리고 선내 객실 등을 철저히 확인하여 누락되는 인원이 없도록 할 것이었다. 이 지시사항은 10시 25분 청와대 국가위기관리상황실과 해경본청 상황실 사이의 핫라인을 통해서 전달된 것으로 국정조사 때 보도되었다. 그러나 오전 10시 15분은 이미 세월호의 모든 출입구와 갑판이 물에 잠긴 시각으로, 잠수를 하지 않고서는 선내 진입이 불가능해진 상황이었다. 즉 이러한 지시는 당시의 사고 상황과는 전혀 맞지 않는 부적절한 지시였다.

국가안보실과 대통령비서실이 제출한 업무 보고서를 보면, 박근혜 대통령은 10시 30분 해경청장에게 전화하여 "해경 특공대를 투입해서라도 현장인원구조에 최선을 다할 것"을 지시하며 인명구조를 독려했다고 나와 있다. 그런데 이번 국정조사 기관보고에서 해양경찰청이 제출한 〈해양경찰청 소속 잠수 가능한 구조전담인력 현황[112]〉을 보면 특수구조단·122구조대·항공구조사 등이 소속되어 있으며, 해경특공대는 여기에 속해 있지 않다. 즉 해경특공대는 잠수를 통한 구조활동을 하는 전문인력이 아닌 것이다. 해경특공대에 잠수인력이 포함되

---

[112] 해양경찰청 국정조사기관 보고자료, 〈101. 해양경찰청 소속 잠수 가능한 구조전담인력 현황〉, 449쪽.

어 있기는 하나[113], 이들은 구조활동을 주요 임무로 하는 것이 아니라 대테러작전과 요인 경호, 폭발물 처리 등을 담당한다. 따라서 사고 당일 오전 10시 30분에 이루어진 박근혜 대통령의 두 번째 지시는 사고 상황에 적합한 구조인력을 제대로 파악하지도 못한 채 내렸다는 사실이 확인된 것이라고 볼 수 있다.

박근혜 대통령은 사고 당일 17시 15분, 사고 발생 후 8시간이 지나서야 중대본을 방문하여 다음과 같은 지시를 한다.

"아직도 배에서 빠져나오지 못한 그런 승객이나 학생 들을 구조하는 데 단 한 명이라도, 뭔가 어디 생존자가 있을 것 같으면 끝까지 포기하지 말고 최선을 다해야 하겠습니다. 그리고 지금 5시가 넘어서 일몰 시간이 가까워오는데 어떻게든지 일몰 전에 생사 확인을 해야 하지 않겠나, 그런 생각입니다. 다 그렇게 구명조끼를, 학생들은 입었다고 하는데 그렇게 발견하기가 힘듭니까?"

"지금 많은 승객들이 아직 빠져나오지 못한 걸로 알고 있습니다. 그래서 지금 거기에 경찰특공대라든가 구조인력들이 투입이 되고 있는 것으로 아는데, 좀 작업은 어떻게 되고 있습니까? 지금

---

113 해양경찰청 국정조사기관 보고자료, 〈47. 특공대 인력 현황 및 잠수장비 보유 현황〉, 498쪽.

부상자는?"

박근혜 대통령은 293명의 실종자들이 선체에 갇혀 있는 것도 모르고 "구명조끼를 입었는데 왜 발견이 안 되냐"는 엉뚱한 질문을 하고, 본인이 지시했다고 하는 해경특공대를 경찰특공대로 헷갈리는 등 현장 상황을 전혀 파악하지 못한 사람처럼 행동하고 있다. 즉 사고 발생 후 8시간이 지난 뒤에도 재난 대응의 컨트롤타워를 지휘해야 할 박근혜 대통령은 전혀 준비가 되지 않았던 것으로 짐작된다. 그 시간 동안 정부의 수반인 대통령과 청와대가 무엇을 하고 있었는지 규명되어야 한다.

해경의
손 놓은 초동 대응

진도 VTS의 관제 소홀

진도 VTS는 세월호가 진입 보고를 하지 않았음에도 교신을 시도하지 않았고, 세월호에 도메인워치(domain watch)[114]를 설정하고도 세월호의 이상 징후를 발견하지 못했다. 사고 당일 오전, 세월호가 이상 항적을 보이며 표류하기 시작하는 것을 오전 8시 50분경부터 관제 모니터로 포착할 수 있었는데도 모니터링을 소홀히 하여 이를 인지하지 못했다. 결국 진도 VTS는

----
114 관제센터에서 선박에 대해 수동으로 주의 깊게 지켜보기 위해 설치한 장치. 일정 반경 안에 다른 선박이나 물체가 들어올 경우 경보가 울리는 기능을 한다.

오전 9시 6분 목포해양경찰서의 통보를 받고 나서야 사고가 발생한 사실을 알게 됐다. 사고 직후 귀중한 '골든타임'을 허비하고, 이후에도 제대로 된 대응을 하지 못하는 단초를 제공했던 것이다.

| 진도 VTS 관제요원의 근무 실태 |[115]

　　진도 VTS 관제요원들은 세월호 침몰사고 이후 관제근무 소홀이 지적되자 센터 내 CCTV를 떼어내 파일을 삭제했으나, 수사에 나선 검찰이 대검찰청 디지털포렌식센터(DFC)에 의뢰

---

115 뉴스토마토, 〈檢 '관제소홀' 진도 VTS 관제요원 13명 전원 기소〉, 2014. 7. 21.

해 파일을 복원하면서 덜미를 잡혔다. 현재 진도 VTS 소속 해경들은 근무를 태만히 하거나 일지를 허위 작성한 혐의 등으로 기소되어 재판 진행 중이다. 이러한 진도 VTS 관제 소홀에는 당시 직원들의 근무 태도에도 문제가 있었지만, 근본적으로 해상교통관제센터의 이원화에서 비롯된 문제이기도 하다.

| VTS 현황 | 자료 : 해양수산부

관할	센터명(VTS)
해양수산부	부산, 부산신항, 제주도, 인천, 경인아라뱃길, 여수, 마산, 울산, 동해, 군산, 목포, 완도, 포항, 평택, 대산 등 15개
해양경찰청	진도, 여수 등 2개

현재 국내에는 모두 17개의 VTS가 있는데 이 중 인천, 부산, 마산, 제주도 등 15개의 항만 VTS는 해양수산부 관할이며, 진도와 여수 2곳의 연안 VTS는 해양경찰청 관할이다. VTS 관할권은 지난 2007년 허베이스피리트호 사고(태안 기름유출사고) 이후 국무총리실의 지시에 따라 이원화되었다.[116] 선박들에 대한 통제권을 강화하기 위해 연안 지역의 VTS가 수사권이 있는 해경으로 넘어갔던 것이다.

----

116 문화일보, 〈해수부−해경, VTS 관할권 다툼, 세월호 대참사 원인··· 일원화해야〉, 2014. 4. 23.

해양수산부는 항만 VTS의 관제구역에 들어오는 일정 규모 이상의 선박에 대해서는 '개항질서법'에 따라 입항 보고 의무를 지우고 있다. 이에 반해 해경이 관할하는 연안 VTS는 '해사안전법'의 적용을 받는데, 연안 VTS 통과 선박에 대해 진·출입 시 보고 의무를 부여하고 있지 않고 있다. 연안 VTS에 대한 관할권이 해양수산부에서 해경로 넘어가면서 정작 중요한 진·출입 시 보고 의무가 사라진 것이다.

지난 7월 2일 국정조사 기관보고에서는 평생 보직인 해양수산부 VTS와는 달리 순환 보직인 해경 관할 VTS의 경우 전문성이 떨어질 수밖에 없고, 근무인력마저 홍콩, 싱가포르, 일본에 비하면 아주 미약하다고 지적되었다. 실제로 경향신문이 해경에 정보공개를 요청해 입수한 '진도 VTS 근무자 근무 기간' 자료의 분석 결과에 따르면, 진도 VTS에서 근무하는 관제사 12명의 근무 경력은 평균 17개월 정도인 것으로 드러났다. 그중에는 근무 경력이 불과 3개월인 관제사도 3명이나 있었으며, 8명은 진도 VTS가 관제사로서 첫 근무지였다. 진도 VTS 관제사들의 경력이 짧은 것은 해경이 전문인력을 별도로 운영하고 있지 않기 때문이다. 해경은 진도와 여수에 관제센터를 운영하고 있지만 관제사는 따로 채용하지 않는다. 대신 항해사자격증을 가진 해경으로 관제사를 충당하고 있으며, 인사이동에 따라 자주 교체하는 것으로 밝혀졌다. 이에 비하여 해양항만청의 경우에는 전문인력을 관제사로 따로 채용하고 있다. 5급 자격증을 가진 사람을 선발해 10주간 교육한 뒤 관제사로 투입한다.[117] 이처럼 해양수산부 관할 항만 VTS에 비해 해경 산하 연안 VTS는 전문성이 더 떨어질 수밖에 없다.

123정의 이상한 구조작업

| 123정의 구조활동 과정 |[118]

117 경향신문, 〈진도 VTS 관제사들 평균 경력 17개월 '초보'였다〉, 2014. 7. 3.
118 2014년 4월 27일 해경이 제공한 동영상 자료이다.

시간	주요 상황
09:35	**123정 세월호 사고해역 도착**
09:38	**123정 소속 고속단정 첫 구조활동 시작 : 5명 구조** • 대원 2명 탑승→좌현 중앙부 갑판→기관직 승무원 5명 구조
09:40	**123정 소속 고속단정 2번째 구조 시작 : 5명 구조** • 바다로 뛰어든 세월호 승무원 1명, 3층 갑판 선미 방향에 있던 1명(승무원 추정 인물), 4층 갑판 대피해 있던 3명 • 이 중 4층 대피 구조자 3명은 고속단정이 자신들을 지나치려 하기에 호루라기를 불며 적극적으로 구조를 요청하여 구조되었다고 증언
09:43	**123정 고속단정 3번째 구조 : 4명 구조** • 대원 3명 중 1명이 3층 갑판으로 올라 계단을 통하여 5층 갑판까지 이동. 4층 갑판에서 2명이 생존자 태움 • 바다로 뛰어든 생존자 구조, 4층 갑판에서 1명을 뛰어내리게 한 후 구조
09:45	**123정 정장 상황실과 첫 교신** • 현장 도착 후 고속단정을 통하여 10여 분간 구조활동한 후 보고하는 첫 교신 **123정 본선 세월호 조타실 쪽 구조 시작 : 8명 구조** • 1항사를 비롯한 선장, 선원들 8-9명 구조 • 3층 갑판을 통하여 올라왔던 해경 1명이 구명벌을 풀기 위해 시도하나 제일 안쪽 2개만 성공

　　사고 초기 목포해경 소속 123정은 오전 9시 35분경 사고현장에 가장 먼저 도착하여 구조를 시작했다. 그런데 123정은 세월호의 선수 방향 조타실로 향하여 선장을 비롯한 선원들을 가장 먼저 구조했으며, 123정에 소속된 고속단정(고무보트) 역시

---

119 구조자와 123정 대원의 진술, 123정 촬영 동영상, 언론기사 분석 등을 통하여 재구성했다.

좌현 중앙부 갑판으로 향하여 기관부 선원들을 가장 먼저 구조했다. 더욱이 사고현장으로 출동하는 과정에서 세월호의 규모와 위치, 탑승인원 등 기본적인 사항만을 전달받았다. 또한 사고현장에 도착한 지 약 10분이 지난 오전 9시 45분에야 상황실과 첫 교신이 이루어지는 등 123정의 구조활동에는 이해할 수 없는 점이 많다.

사고현장에 가장 먼저 도착한 123정은 조타실에서 선원들을 구조하면서도 조타실로 진입하여 퇴선 명령을 하지 않았고, 어떠한 다른 방법으로도 퇴선 조치를 내리지 않았다. 특히 구조 당시 목포해양경찰서 서장과 123정의 교신 내용을 살펴보면, 오전 9시 57분에 목포해양경찰서 서장이 "우리가 당황하지 말고 우리 직원도 올라가서 하고, 그래도 안 되면 마이크를 이용해서 최대한 안전하게 행동할 수 있도록 하시기 바랍니다"라고 말했다. 그리고 오전 10시 5분 다시 "정장, 그러면 다시 한번 침착하게 방송해서 반대 방향 쪽으로 뛰어내리게 유도해봐. 지금 그 안에 갇힌 사람들이 웅성웅성하는 상황에서 제일 먼저한 사람만 밖으로 빠져나오면 다 줄줄이 따라 나오니까. 방송해서 방송 내용이 안에까지 전파될 수 있도록 한번 해보세요"라고 지시했다. 즉 123정에게 선내 진입을 하여 퇴선 조치를 할 것과 그 외의 다른 방법을 써서라도 어떻게든 퇴선 조치를 내릴 것을 구체적으로 명령했음을 알 수 있다.[120] 하지만 이러한 명령에도 불구하고 123정은 선내 진입 및 퇴선 조치를 하지 않았다. 지난 8월 13일에 선장과 선원에 대한 재판에서 증인으로 출석한 123정 정장은 퇴선 방송을 하지 않은 사실을 인정하고, 당황해서 선내 진입 명령을 깜빡 잊었다고 진술했다.

해경 잠수 구조인력의 출동 시간과 도착 시간

| 4월 16일 시차별 주요 조치 사항 중 특공대와 구조대 출동 및 도착 시간 |

11:15 서해지방경찰청 특공대 7명 현장 도착	전남지방청 헬기 이용 : 서해청 헬기장 이륙(10:20)→서거차도 방파제 도착(10:45)→민간 어선 승선(제7유진호)→사고현장 도착(11:15)→세월호 선수 앵커 줄에 브이 설치작업
11:20 목포해경 122구조대 10명 현장 도착	어선 이용 팽목항 출항(10:35)→목포해경 122구조대 1개 조 2명 최초 입수(11:24)→선체 수중 수색

사고 당일 잠수가 가능한 해양경찰청 소속의 구조전담인력 중에서 가장 먼저 사고해역에 도착한 것은 서해경찰청 특공대 7명이었다. 이들은 세월호가 선수만 남기고 이미 침몰한 이후였던 11시 15분에야 현장에 도착했다. 해양경찰청이 출동 지시

---

120 해양경찰청, 〈해경 123정과 목포해경·서해지방해양경찰청 간 '주파수 공용통신(TRS)' 녹취록〉

를 내린 것은 오전 8시 58분이었지만, 특공대원 7명이 전남지방경찰청 헬기에서 민간 어선으로 갈아타고 사고해역에 도착했던 시각은 오전 11시 15분이다. 이미 세월호는 뱃머리 일부만 남은 채 물속에 잠긴 상황이었다. 결국 가장 신속히 현장에 도착해 인명구조를 펼쳐야 했던 특공대는 타고 갈 헬기가 없어 출동이 늦어졌던 것이다. 이어서 도착한 목포 122구조대 10명은 11시 20분에야 현장에 도착했다. 첫 사고 신고 접수가 오전 8시 52분에 들어왔던 점을 고려하면, 결국 실제로 잠수 가능한 인력이 현장에 도착할 때까지 2시간 20여 분이나 소요되었던 것이다.

그리고 일반 구조대와 달리 공기탱크와 풀페이스마스크, 기체혼합장비 등을 보유하고 있어 심해까지 잠수가 가능한 특수구조단은 부산에 소재한 남해해양경찰청 소속의 단 11명이 전부였다. 따라서 해상사고로 인한 심해 구조의 대비는 이전부터 매우 허술했던 것으로 보인다. 세월호 침몰사고 당시에 자체 헬기조차 없었던 특수구조단은 육로를 이용해 김해공항과 목포공항 등을 돌아 4월 16일 오후 1시 40분에야 현장에 도착했다.

해경은 왜 무능할 수밖에 없었나?

1953년 처음 신설된 해양경찰청은 해양주권선과 평화선[121]

을 수호하고 어업자원을 보호하기 위해 경비정 6척과 인력 658명으로 출범했다. 처음에는 내무부 치안국 소속이었다가 이후에는 해양경찰대로, 1991년 이후에는 경찰청 소속 해양경찰청으로 변경되었다. 1996년에는 경찰청에서 분리돼 해양수산부의 독립 외청으로 승격하며 홀로서기를 시작했다. 이후 급격히 성장한 해양경찰청은 창설 60여 년 만에 4개 지방해양경찰청과 17개 해양경찰서를 두고 전국 1만1,600명의 인원(전·의경 2,000여 명 포함)을 가진 조직이 되었다. 경비구난·해상교통 안전관리·해상치안·해양환경보전·해양오염방제·국제교류협력 등의 업무를 담당하고 있으며, 예산 규모는 연간 1조1,000억 원에 달한다.[122] 하지만 외적 성장에 비해 실질적인 해상구조 역량은 전혀 성장하지 못했다.

2012년 사업별 예산 현황을 보면 청사 신축 등에 703억 원, 해양경비 역량 강화에는 2,269억 원의 예산을 사용하였지만, 해양재난구조 인프라 확충에 사용한 예산은 167억 원에 그쳤다. 또한 지난 2006년 4개 해양경찰청을 신설한 이후에는 수사

----

121 1952년 1월 18일, 당시 대통령이었던 이승만이 발표한 '해양주권 선언'에 의하여 한반도 주변의 수역에 설정한 해역선. 해안에서 평균 60마일(약 96.5킬로미터)에 달하며 이 수역에 포함된 광물과 수산자원을 보존하기 위한 것으로 1965년 6월에 한일조약에 의하여 철폐되었다. '이승만 라인'으로 불리기도 한다.

122 데일리한국, 〈예상못한 결과에 해양경찰들 망연자실〉, 2014. 5. 19.

| 해양경찰청 2012년도 사업별 예산 현황 |[123] 단위 : 억 원

주요 사업비 (6,190)	해양경비 역량 강화	2,269
	해양재난구조 인프라 확충	167
	효율적 장비 관리	1,503
	범죄 대응 능력 강화	46
	해양오염 관리 역량 제고	106
	청사 신축 등	703
	기타 경상 경비	1,132
	혁신도시건설 특별회계	264
	기본 경비	370
	인건비	4,978
	총계	11,538

인력을 늘리는 데에만 치중한 나머지, 증가한 인원 가운데 구조전담인력은 고작 8.7퍼센트에 불과했다. 현재 해경수사와 정보를 담당하는 인력이 구조인력의 3배가 넘는다. 또한 실전 구조훈련의 부족, 타 업무에 비해 해양구난·구조업무에 대한 안전 예산의 부족과 소홀함 등으로 인해, 해경은 실제 구조상황을 맞닥뜨려도 당황한 채 제대로 구조업무를 실행하지 못했던 것이다.

지난 8월 13일 선장과 선원들에 대한 재판에서 123정 정

----

123 해양경찰청, 『2013 해양경찰백서』, 2013. 9.

장은 "해경에서 일한 34년간 침몰사고 관련 훈련을 받은 적이 없다"고 밝혔고, 헬리콥터를 타고 출동했던 해경 항공구조사들 역시 "세월호 침몰과 같은 대형사고에 대한 훈련은 받지 못했다"고 증언했다. 또한 8월 20일 세월호 선장과 선원들에 대한 재판에서 "배가 기울어 선내 진입이 어려웠더라도 가능하지는 않았느냐"는 검사의 질문에, 목포해경 123정 소속 이모 경사는 "구명뗏목을 터뜨리고 승선했지만, 장비가 준비되거나 체계적인 훈련을 받지 않은 상황에서 정확히 말하기 어렵다"고 답했다.[124] 실제 해경의 수난구조에 대한 장비나 체계적인 훈련이 부족하다는 증언이 나온 것이다.

해경의 고위간부 구성과 관련하여 해경의 인사 시스템, 즉 인적자원 구성에도 문제가 있다. 간부들이 해양구조 현장 출신보다는 수사기획 계통 또는 육지에서 근무했던 사람들로 이루어져 세월호 사고와 같은 해상사고 발생 시 판단과 대처 능력이 떨어질 수밖에 없는 것이다. 또한 사고해역에 연안구역을 경비하는 소형 함정만 배치하여 사고 대응에 취약했다는 점도 감사원에 의해 지적되었다.[125] 뿐만 아니라 심해 잠수를 할 수

----

124 매일경제, 〈세월호 구조 해경 '장비·체계적 훈련 부족'〉, 2014. 8. 20.
125 감사원 감사 진행 상황 발표자료, 〈세월호 침몰사고 대응실태〉, 2014. 7. 8.

있는 인력이 해경에는 절대적으로 부족하여, 사고 발생 시 민간을 포함한 수난구호 협력기관을 통하여 잠수사를 동원해 구조활동을 해야 한다. 이는 촌각을 다투는 급박한 경우에 사실상 구조작업이 불가능하다는 구조적 한계를 안고 있다.

| 해양경찰청 소속 잠수 가능한 구조전담인력 현황 |[126]

인력(계)	122구조대	항공구조사	특수구조단
186명	155명	20명	11명
배치 기관	17개 해양경찰서	4개 지방청, 인천해경서	남해청
배치 기준	7~12명	기관별 4명	11명

단적인 예로 해양경찰청 소속의 잠수 가능한 구조전담인력은 전체 186명에 불과하다. 그리고 심해까지 잠수가 가능한 특수구조단은 부산 소재 남해지방해양경찰청 소속의 11명에 불과하다. 결국 세월호와 같은 대형 해난사고가 있을 경우, 사실상 수면 아래에서 이루어지는 수난구조에 대해서는 무기력할 수밖에 없는 것이다. 또한 이 가운데 행정인력 2명과 단장을 제외하면 심해 잠수 담당 특수구조팀의 실제 인력은 8명뿐이다.[127]

----

126 해양경찰청 국정조사 요구자료.
127 인천일보, 〈해경, 위상 침물 헬기도 없는 특수구조단 '있으나 마나'〉, 2014. 5. 18.

세월호 참사에 미친 영향

해양경찰청이 관할하는 진도 VTS는 전남소방본부 119상황실로 첫 사고 신고가 접수된 오전 8시 52분부터 세월호와의 교신을 넘겨받은 오전 9시 6분까지, 세월호의 관할구역 진입 사실과 비정상적인 운행을 인지하지 못한 채 사고 직후의 귀중한 골든타임을 허비해버렸다. 이는 해경의 신속한 초동 대응을 어렵게 만들었다. 또한 해경은 초기 구조 과정에서 매뉴얼대로 선원들을 통한 적극적인 구조활동을 펼치지 않았다. 가장 먼저 선원들을 구조하여 육상으로 내보내는 등 구조의 기초마저 망각했다.

해경의 잘못된 초기 대응의 배경에는 앞서 살펴본 바와 같이 해경의 체계, 지휘부의 구성, 장비와 예산 그리고 구조인력 등의 문제와 훈련 부재 등의 구조적 문제가 혼재해 있다. 해경의 총체적 부실은 결국 선내에서 애타게 구조를 기다리던 승객들을 몰살시키는 결과를 가져왔다.

해경의 외부 지원 거부 및
배제 의혹

해경은 사고 발생 초기에 경찰청(육지 경찰), 소방본부(중앙 119), 본험 리처드함(Bonhomme Richard, 미 해군의 전방배치 강습 상륙함) 등에서 구조 지원 의사를 적극적으로 밝혔음에도 불구하고, 해경이 이를 거부한 것으로 확인되었다. 또한 해경은 4월 16일과 17일 사고현장에서 먼저 하잠색(잠수사들을 위한 인도선)까지 설치한 해군 해난구조대(SSU)의 수색 시도마저 통제했던 사실이 국방부 보고서를 통해 알려졌다. 뿐만 아니라 사고 초기 구조활동에 참여하기 위해 자발적으로 달려온 민간잠수사들을 통제하고 방치하여 제대로 활용하지 못했으며, 심지어 이들의 구조 참여를 의도적으로 막았다는 문제까지 제기되었다. 이처럼 해경은 뚜렷한 이유 없이 구조 초기에 해군 및 민간잠수사 등을 구조에서 배제해 생존자 구조의 골든타임을 놓쳤다는 의혹을 받고 있다. 해경 등 구조당국은 모든 역량을 모아야 할 긴박한 구조 현장에서 민·관·군의 협력을 모으는 대신 갈등만 키우는 이해할 수 없는 행태를 보이면서 현장의 혼란을 가중시켰다.

해경의 외부 지원 배제 의혹

| 자료 1 – 사고 당일 9시 51분, 경찰청과 해경의 통화 내용 |[128]

경찰청	현재 침몰된 상황이 급박한 겁니까 아니면….
본청 상황실	현재 지키고 있으니까 가능합니다.
경찰청	구조가 전부다 가능하….
본청 상황실	예.
경찰청	전부 가능하고 저희 육경에서 도와드릴 거 없습니까?
본청 상황실	육경이죠? 우리가 다 했으니까 우리 해경하고 해군하고 다하고 있으니까….
경찰청	해군에서 딱히 들어가는 것은….
본청 상황실	지금 해군에서 지원했습니다. 지금 지원….

---

128 국정조사 기관보고 사항. 경찰청에서 지원의사를 밝히지만 해경과 해군이 모두 구조가 가능하다며 거절하고 있다.

본청 상황실 예.

중앙119 예. 우리 그 헬기가 현장에 2대가 도착을 했는데요. 헬기에 다 수난구조대원들이 탑승하고 있습니다. 현재 침몰한 배에 요구조자(외부의 도움을 필요로 하는 사람)가 있는지 저희들은 바로 그러면은 투입을 해서 구조가 가능한 대원들이거든요.

본청 상황실 예. 그 아까 목포 상황실로 이렇게 서로 연락 그렇게 안 으셨나요?

중앙119 저는 그거는 제가 못했습니다. 저는 우리 소방방재청 직속기관이라서….

본청 상황실 예.

중앙119 아까 저희 출동하는 거 해경상황실에 장○○ 경위님한테 통보드렸습니다.

본청 상황실 아, 그거는요. 바꿔드릴게요.

장○○ 예, ○○○입니다.

중앙119 예, 장경위님 중앙구조본부의 박○○ 입니다. 저희들 헬기가 이미 도착해 있는데 아직도 별도의 지시를 못 받았던 모양이에요. 저희는 헬기에 수난구조전문요원들이 다 탑승을 하고 있거든요. 배 안에 요구조자가 있으면 저희들이 바로 그냥 투입을 해서 잠수를 해서 출동이 가능한 구조가 가능한 대원들인데요.

장○○ 예.

중앙119 그 요구조자가 몇 명이나 있을까요?

장○○ 지금 말씀드렸다시피 잠간만요.

중앙119 예.

본청 상황실 여보세요.

중앙119 예.

본청 상황실 어떤 내용이세요?

중앙119 아, 아까 말씀을 드렸는데 우리 중앙119구조본부 헬기 탑승대원들이 현재 2대가 현장에 도착해있고요. 상공에 근데 그 직원들이 다 수난전문구조대원들이에요.

본청 상황실 예.

중앙119 그래서 침몰선에 안에 요구조자가 있다고 말씀해주시면 저희들이 바로 잠수가 가능한 직원들이거든요.

본청 상황실 예.

본청 상황실	예.
중앙119	그래서 그것을 확인합니다.
본청 상황실	예, 지금 우리도 아직 준비 중인 거 같습니다.
중앙119	예.
본청 상황실	그래서 일단 뭐 들어가봐야지 알겠는데 지금 상황에서는 뭐 그렇게….

해경의 해군 SSU, UDT 통제 및 배제 의혹

4월 30일 새정치민주연합 진성준 의원이 공개한 국방부 자료를 보면(145쪽 참조), 해경이 해군의 최정예 잠수요원인 SSU 대원과 해군특수부대(UDT) 요원조차 '민간업체(언딘)의 우선 잠수를 위해 접근 통제'한 것으로 드러났다. 민·군을 통틀어 최고의 해난구조 장비와 경험을 가진 UDT와 SSU가 도착했지만 해경의 통제로 초기에 투입되지 못했던 것이다. 사고 이튿날인 4월 17일 물살이 느린 정조 시간에도 19명의 최정예 요원들은 물속에 들어가지 못한 채 대기만 하고 있었다.

---

129 국정조사 기관보고 사항. 중앙119에서 구조 지원의사를 밝히지만 의사소통이 잘 이루어지지 않고 있으며, 중앙119 요원들을 즉시 투입할지를 놓고 결정을 내리지 못하고 있다.

| SSU 및 UDT 최초 잠수 시점 | 자료 : 진성준 의원 공개 국방부 답변서

2014년 4월 16일 (수)	**12:04 / 12:45** SSU 14명 / 9명 현장 도착, 원점 주변 탐색(헬기) • 해상구조대상자 미발견으로, 해-3009함에 전개
	14:09 / 15:15 UDT 7명 / 15명 해-3009함 도착
	18:00~18:35 SSU 2개조(4명) 잠수 실시 • 하잠색 1개 최초 설치
	18:35~ 잠수 미실시 • CRRC 이용 침몰 원점 주위 탐색(2회)

※ 18:35 이후 잠수 미실시 사유
· 탐색 구조를 주도하고 있는 해경에서 잠수작업 통제로 해경 잠수팀 우선 입수
· 하잠색 부족(해군 설치 1개)으로 다수 잠수사 입수 불가→군이 설치한 하잠색 이용 해경팀 입수

2014년 4월 17일 (목)	**01:09** CRRC 2척 선체 주변 탐색(강 조류·파도로 현장 접근 제한, 복귀)
	01:35 CRRC 2척(SSU 5명, UDT 5명) 잠수 준비 후 현장 주변 탐색 • 강 조류로 잠수작업 미실시
	07:01 정조 시간 CRRC 4척(SSU 9명, UDT 10명) 잠수 준비, 현장 대기 ※ 민간업체(언딘) 우선 잠수를 위해 해경이 현장 접근을 통제하여 잠수 미실시, 군(軍)은 상호 간섭 배제를 위해 해경 통제 수용
	09:03 CRRC 1척(SSU), 희생자 1구 발견, 해경 인계
	12:30 2 RIB(SSU) 현장 탐색
	22:28 SSU 2개조 잠수(강 조류로 선체 탐색 불가)

민간잠수사 구조활동 통제 및 배제 의혹

생존자를 구조하겠다며 전국에서 민간잠수사들이 모여들었지만, 해경은 이들을 제대로 활용하기는커녕 통제하고 외면한 정황이 여러 곳에서 확인됐다. 해경은 전문적인 지식을 가

지고 장비까지 챙겨 온 민간잠수사들에게 해양구조협회에 접수하고 기다리라는 말만 되풀이하면서 시간을 지체시켰다. 수색 현장에 투입된 민간잠수사들을 대표했던 황대영 특수구조봉사단장은 "수색 초기 자원봉사 민간잠수사들이 잠수에서 배제됐다"고 주장했다. 이후 해경은 하루 네댓 사람씩만 참여하도록 하더니, 22일부터는 아예 언딘을 제외한 민간잠수사들의 현장 투입을 막았다. 당시 목포 지역 해양단체 관계자는 "언딘은 자체 잠수부가 얼마 없고 필요할 때마다 일당을 주고 고용하는 것으로 알고 있다"며, 수색 초기에 해경이 "언딘에서 작전 중이니 대기하라며 현장 민간 잠수부를 배제해 크게 실망했다"고 말했다.[130]

해병대 출신의 박모 대장은 진도 지역에서 해양구조협회 산하의 진도구조대 구조대장으로 활동하여 해난구조 경험이 풍부하고 사고해역 인근의 조류·기상 등에도 정통하다. 그는 사고 당일 오전 10시 30분경에 팽목항에 도착하였으나 오후 3시경이 되어서야 해경 1509함[131]에 승선할 수 있었다. 그러나 승선 이후에도 선실 식당에서 대기하라는 명령 외에는 아무런 지시 없이 방치되었고 구조 시도조차 해보지 못한 채 돌아올 수밖

---

130 아주경제, 〈해경 '언딘 구조작업 위해 해군 구조 방해' 의혹〉, 2014. 5. 2.
131 1,500톤 급 목포해경 소속 경비함

에 없었다. 또한 사고 초기 현장에서 여러 민간잠수사나 봉사자 들이 구조작업에 대한 의견을 제시했지만 이를 묵살했다는 의혹도 제기되고 있다.[132] 실제로 현장에 있었던 자원 봉사자에 따르면 민간잠수사 등이 구조에 참여하려고 해도 여러 곳의 승인을 얻어야 했고, 사고해역에 나가더라도 정작 대기 명령을 받고 시간만 지체하다가 다시 돌아오기가 일쑤였다고 한다. 또한 민간잠수사가 구조 방법에 관한 아이디어와 대안을 가지고 가더라도 승인을 얻으려면 팽목항 곳곳의 상황실을 돌아다니면서 브리핑을 해야 했고, 심지어 서울에 소재한 연구소의 담당자에게 검토를 받아야 하는 등 번잡한 절차를 거쳐야만 했다. 1분 1초가 시급한 인명구조작업에 대해 책임지고 결정해주는 곳은 어디에도 없었다.

미 해군의 지원 거부 의혹

4월 16일 오전 11시 58분, 본험 리차드함 소속 헬기 2대가 현장에 급파되었다가 아무런 구조활동도 없이 그냥 돌아갔다. 이와 관련하여 해경이 미군의 지원을 왜 적극적으로 활용하지 않았는지에 대한 의혹이 제기되었다. 해경은 해당 헬기에는 구

---

132 민변 세월호 특위, '민간봉사자 김OO 인터뷰', 2014. 6. 10.

조장비가 없었기 때문에 미군이 자발적으로 철수했다고 해명했다. 그러나 미 해군 공식 뉴스 사이트에서는 "미 해군은 사고 인지 후 즉시 지원을 제공하기 위하여 배의 방향을 전환했다. 그러나 한국군 구조활동의 효율성이 미군 자원에 대한 즉각적인 필요성보다 더 중요한 것이었다. 우리는 한국의 현장 책임자로부터 요청이 있을 시 지원할 것이다"라고 보도[133]하여 해경의 해명은 사실과 다른 것으로 드러났다.

세월호 참사에 미친 영향

해경은 구조 초기에 뚜렷한 이유 없이 해군과 민간잠수사 등 외부의 구조인력들을 구조작업에서 배제함으로써 많은 의혹을 불러일으켰다. 해경은 민간잠수사들이 구조작업에 관한 자격이 없거나 구조에 실질적 도움이 되지 않아 배제했다고 주장했다. 반면 민간잠수사들은 해경이 나서서 자신들이 발견한 시신을 청해진해운과 계약한 '언딘'에서 최초 발견한 것으로 양보를 요구하고, 언딘은 아직 구조작업에 투입되지도 않은 시점임에도 언딘이 작업을 해야 하니 철수해줄 것을 요구했으며, 심지어 물때가 수색의 호기임에도 언딘의 바지선을 교체한다

----

133 America's NAVY, 〈Bonhomme Richard Assists in Korean Search and Rescue Efforts〉, 2014. 4. 17.

며 수색작업을 전면 중단시키는 등 이해할 수 없는 조치를 했다고 맞섰다.

이렇듯 사고 초기 구조활동에서 해경의 무원칙적인 통제와 배제는 해경과 민간잠수사, 언딘 사이의 갈등을 낳고 불신을 초래함으로써 민·관·군의 효율적인 초동 대응을 방해한 의혹을 받고 있다. 사고 초기 민·관·군의 모든 역량을 모아 구조작업에 박차를 가해야 할 때, 가족들은 발만 동동 구르며 해경의 늑장 구조를 지켜봐야만 했다. 해군과 민간잠수사 등 구조인력에 대한 해경의 통제와 배제 의혹은 반드시 밝혀져야 한다.

돈벌이를 위한 해운사의
위험한 선박 운항

해운사의 무리한 운항

합동수사본부는 세월호가 2013년 3월에 취항한 이후 241회의 왕복 운항을 했는데, 이 가운데 139차례나 과적 운항을 했다고 밝혔다. 이는 전체 운항 횟수 가운데 57.7퍼센트에 해당하는 수치이다. 세월호에 적정 화물을 실었을 경우 1회 운항당 청해진해운이 벌어들일 수 있는 수임료는 2,600만 원이다. 그런데 청해진해운은 과적을 통해 1회 운항 시 최대 7,000만 원의 수임료를 벌어들였고, 취항 이후 과적으로 벌어들인 부당 이득은 총 29억6,000만 원으로 집계됐다. 청해진해운은 사고 전날 출항에서도 과적으로 6,200만 원의 수임료를 벌어들인 것으로 드러났다.

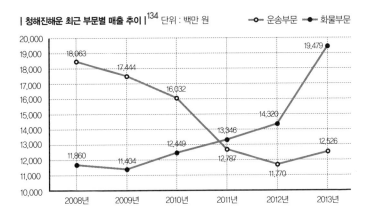

| 청해진해운 최근 부문별 매출 추이 |[134] 단위 : 백만 원

○─ 운송부문 　●─ 화물부문

- 2008년: 18,063 / 11,860
- 2009년: 17,444 / 11,404
- 2010년: 16,032 / 12,449
- 2011년: 12,787 / 13,346
- 2012년: 11,770 / 14,320
- 2013년: 12,526 / 19,479

또한 청해진해운의 간부와 직원 들이 대부분 세월호의 과적·부실 고박·복원성 문제를 알고 있었지만, '영업 이익 극대화'라는 회사 방침과 경직된 보고 체계 때문에 아무런 조치도 취하지 못한 것으로 드러났다. 지난 8월 14일 광주지방법원에서 선원들에 대한 재판에 증인으로 출석한 청해진해운 해무팀 직원 홍모 씨(44)는 "출항 통제도 해무팀 업무인데, 물류팀이 말을 안 듣고 과적·부실 고박·복원성 문제에 대한 항의가 들어

134 해럴드 팝, 〈청해진해운, 작년 화물 매출 급증… 세월호 화물과적이 사고 시 쏠림 키워〉, 2014. 4. 22.

오면 출항을 못하게 통제할 수도 있지 않냐"고 검찰이 다그치
자, "청해진해운 구조상 그렇게 했다가는 월급을 못 받는다. 사
표를 쓰고 나가야 한다"고 증언했다. 화물 수익 비중이 높은 회
사 매출의 특성상 운임 수익과 영업 이익에 반하는 의견을 낼
경우, 사실상 회사에서 쫓겨날 수 있는 분위기였다는 것이다.[135]

세월호 도입 과정에서의 문제

세월호의 증선 인가 과정에도 문제가 있었다. 청해진해운
의 인천-제주 항로 선박 증선과 관련하여 잘못된 인가가 있었
다는 사실이 감사원의 감사 중간 결과 드러났다.

감사원, 감사 진행 상황 2쪽 참조

해운법 시행령(제8조)에 따르면 선박 증선(세월호)은 해당 항로
(인천-제주)의 평균 운송수입률이 25퍼센트이상 유지될 때에만
인가 가능한데도 인천항만청은 청해진해운에서 정원·재화중량
을 변조[136]하여 제출한 계약서에 근거, 평균 운송수입률[137]을 과

---

135 뉴시스, 〈과적 문제 제기하면 사표 써야 했다〉, 2014. 8. 22.
136 기존 선박의 3년 평균 수입을 기존·신규 선박의 최대 가능수입으로 나눈 수치. 신규 선박인
세월호 정원 등이 축소될 경우 평균 운송수입률은 증가하게 된다.
137 평균 운송수입률은 해운법 시행규칙 제4조 제5항에 의거하여 공인된 선박검사기관의 자료를
적용하여 산정하도록 규정되어 있다.

다 산정(24.3→26.9퍼센트), 2011년 9월 증선 계획을 가인가하게 되었다.

정당 자료(일본 선박검사기관 자료)			청해진해운 제출 자료(선박도입 계약서)		
여객 정원	재화중량 톤수	평균 운송수입률	여객 정원	재화중량 톤수	평균 운송수입률
804명	3,981톤	24.3%(기준 미달)	750명	3,000톤	26.9%(기준 초과)

선사가 제출한 계약서의 내용과 선박검사기관에서 공인한 자료가 상이하여 점검한 결과 여객 정원 54명, 재화중량 981톤이 축소·조작된 것으로 확인되었다. 이후 세월호 증축(2012년 9월~2013년 2월)으로 여객 정원(921명)과 재화중량 톤수(3,794톤)가 변동되어 위 운송수입률이 더욱 감소(24.2퍼센트)되었는데도, 이를 제대로 확인·반영하지 않은 채 2013년 3월 최종 인가가 났다.

세월호 참사에 미친 영향

해운사의 이익을 위한 무리한 운항은 세월호의 상습적인 과적·부실 고박·복원성 문제 등을 불러왔고, 이에 대한 선박회사와 직원들의 묵인 속에서 세월호는 떠다니는 시한폭탄 같은 존재였던 것이다. 세월호 도입 집행 과정에서 무리한 증선 인가를 받기 위해 편법을 쓴 선박회사와 이를 제대로 확인·검토하지 않은 부실한 관련 정부기관이 세월호 참사의 단초를 제공한 셈이다.

교육 및 안전훈련 부재와
선원들의 무책임

선원들에 대한 교육 및 안전훈련 부재

해운법에 근거한 청해진해운의 운항관리규정에 따르면, 안전관리 담당자는 교육 계획을 수립해 분기마다 1회 이상 교육을 실시해야 한다. 선내 비상훈련은 10일, 해상인명안전 및 대응훈련은 10일, 해양사고 대응훈련 중 선체 손상 대처훈련과 인명사고 시 행동요령은 6개월, 비상 조타훈련은 3개월, 그리고 기름유출 대처훈련은 매월 실시해야 한다.

합동수사본부에 따르면 청해진해운의 지난해 매출액은 약 320억 원에 달하였으나, 안전교육훈련에 지출된 비용은 총 54

만1,000원에 불과했다. 청해진해운 매출액의 고작 0.001퍼센트에 불과하다. 이 가운데 세월호 선원들에 대한 교육훈련 지출비는 1인당 단 2,000원이었다. 이마저도 선원들이 외부에서 진행되는 안전교육에 참가 후 수료증을 발급할 때 든 수수료였다. 그에 비해 접대비는 2001년부터 작년까지 9억4,698만1,189원을 지출한 것으로 드러났다.[138] 영업을 위한 접대비는 수억 원을 지출했지만, 선원들에 대한 교육 및 안전훈련 비용은 사실상 '0'원이었던 것이다.

선원들의 열악한 근로조건과 비정규직화로 인한 무책임

선원은 승객의 생명과 안전을 보호할 의무가 있으므로, 엄격한 위계질서 아래 배와 운명을 같이한다는 책임 의식이 요구된다. 하지만 자신의 안전조차 담보할 수 없는 노후한 배에서 저임금과 고용 불안 등 열악한 대우에 시달리던 세월호 승무원들에게 이러한 책임감과 직업 의식을 기대하기는 어렵다. 세월호의 선장과 승무원들이 위험을 감수하며 승객들을 구조하지 않고 먼저 탈출했던 배경에는 청해진해운 직원들의 열악한 노동 조건이 있었음을 간과해서는 안 된다.

----

138 한국경제, 〈접대비 9억 원 쓰면서 선원 연수비는 고작 1,500만 원〉, 2014. 4. 21.

한국선원복지고용센터의 2013년 선원선박통계[139]를 보면, 내항선원의 월평균 임금은 329만1,000원으로 외항선원(525만3,000원)의 62.6퍼센트에 불과하다. 내항선 중에서도 여객선원의 월평균 임금은 306만5,000원으로 더 적다. 내항선 여객선장은 월평균 346만8,000원을 받는다. 이는 세월호의 이준석 선장이 받았다는 월급보다는 많지만 외항선장 월평균 임금(690만9,000원)의 절반 수준이다.[140]

| 내항 여객선 노동자의 근무 현황 |[141] 2013년 12월 31일 기준 | 자료 : 새누리당 주영순 의원실

근무 형태		항해사	기관사	부원(면허 없는 선원)
계약직	1년 미만	23	19	32
	1~2년	163	115	68
	2~3년	4	5	2
	3년 이상	68	58	45
정규직		79	77	44
계약직 비율(%)		76.6	71.9	77.0

청해진해운은 승무원 대부분을 계약직으로 고용했고, 임금도 다른 해운사에 비하여 20~30퍼센트 적었다. 세월호의 이

139 모든 통계는 2012년 12월31일 기준이다.
140 시사IN, 〈세월호 선장은 '1년 단위 계약직'〉, 2014. 4. 30.
141 경향신문, 〈불안정한 고용, 직무 책임감 떨어뜨려… 육·해·공 모두 안전 위협〉, 2014. 5. 20.

준석 선장을 포함한 전체 승무원 29명 중 15명은 계약직이었다. 이 선장의 급여는 월 270만 원, 다른 항해사들의 급여는 월 170~200만 원 정도였던 것으로 밝혀졌다. 이는 기본금, 성과수당, 연장수당, 휴일수당, 야간근로수당을 합한 금액이다. 한국선원복지고용센터가 내놓은 '2013년도 선원 임금 현황'을 보면, 내항 여객선 승무원들의 평균 월급은 선장 346만 원, 1등 항해사 294만 원, 갑판수 263만 원으로, 이에 비해서 매우 낮은 편이다.

즉 국내 최대의 여객선과 승객의 안전을 책임지는 선장이 임시로 투입된 1년 계약직(촉탁직)이었고, 선원들 대부분이 저임금의 비정규직이었다. 선박회사의 인건비 절감을 위해 선장과 선원들에게 주어진 열악한 근로조건과 대우는 책임 의식의 부재로 나타났고, 결국 세월호 참사로 귀결되었다.

정부는 '규제완화'라는 이름으로 공적업무인 안전관리업무를 민간에 위탁(외주화)하고, 민간기업은 '비용 절감'을 위해 계약직 등 비정규직을 고용하거나 '법적 책임회피'를 위해 다시 하도급을 주는 방식을 사용한다. 다단계 하도급과 최저가 낙찰제로 인해 하도급업체의 수입은 반토막이 나고, 그만큼 안전관리 비용은 줄어들었다. 그에 따라 위험성은 높아졌으며, 인건비 절감을 위해 저임금 비정규직 노동자를 투입했던 것이다. 결국 사고가 발생할 경우 그 위험은 가장 열악한 곳에 있는 비

정규직 노동자와 국민의 몫이 되어 버린다.[142]

세월호 참사는 안전관리업무의 민영화(민간 위탁)와 비정규직화(비용 절감)가 노동자는 물론이거니와 일반 시민의 생명과 안전에도 직접적으로 영향을 미친다는 사실을 극명하게 보여주었다. 정규직에 비해 현저하게 낮은 임금과 언제 해고될지 모르는 고용 불안에 시달리는 계약직 승무원에게 자신의 목숨을 담보로 승객을 구조하라는 것은 가혹한 요구일지도 모른다. 1분 1초가 급박한 사고 직후, 60대 계약직 선장이 아니라 40대 정규직 선원이 기관사들에게 '퇴선 명령'을 내리고 선장과 선원들이 배를 버리고 먼저 탈출한 이유도 여기에 있었다. 물론 보험금 문제로 배를 버리라는 선박회사의 지시에 따른 것이라는 의혹도 제기된 바 있다. 이 문제 역시 명백히 규명되어야 하겠지만 어쨌든 계약직 승무원들의 사명감과 책임감 결여, 그리고 평소 정규직과 비정규직 간에 무너져 있던 지휘·근무 체계가 일정 부분 작용되었던 것이다. 이처럼 기업의 이윤 앞에 무너진 안전장치는 끔찍한 참사를 불러왔다.

----
142 오마이뉴스, 〈2년 전 구미, 세월호 참사와 판박이 사고 있었다〉, 2014. 5. 4.
2012년 9월에 발생한 구미 불산 누출사고의 경우도 마찬가지였다. '휴브글로벌'이라는 사업장에서 불산 12톤이 누출되어 흰 연기가 하늘을 뒤덮었다. 하지만 주변 공장 안전책임자 누구도 대피명령을 내리지 않아 공장 노동자들은 계속 일해야 했다. 다행히 공장 지역으로 바람이 불지 않아 사고가 커지는 것을 막을 수 있었다.

세월호 참사에 미친 영향

위와 같은 선원들의 무책임과 안전훈련의 부재는 선장과 선원들의 행동에 그대로 영향을 미쳤다. 승객들을 갑판으로 대피시키거나 퇴선 명령을 내려야 하지만, 선장과 선원들은 이러한 조치를 전혀 하지 않은 채 제 살기에 바빴다. 특히 오전 8시 55분경 세월호 선원들은 제주 VTS와 교신에서 구조를 요청하면서도, 정작 승객들에게는 "현재 위치에서 절대 이동하지 마시고 대기해주시기 바랍니다"라고 방송했다. 이를 믿고 선내에 대기하고 있던 승객들은 결국 탈출하지 못했고, 침몰사고는 대참사로 이어지고 말았다.

4장

REMEMBER
416세월호

대통령은
약속을 이행하라

앞서 사고를 참사로 만든 10대 원인에서 살펴보았듯이 세월호 참사는 다양한 근본원인이 복합적으로 결부되어 일어났다. 그러나 현재 진행 중인 검찰과 경찰의 수사 방향이나 감사의 대상에 대해서는 근본원인에 대한 철저한 조사 대신 겉핥기식 책임 공방만 이루어지고 있다.

근본 원인	• 사람과 안전보다 돈과 기업의 이윤 추구를 우선하는 정부의 경제사회정책 • 규제완화라는 이름 아래 진행되어온 안전장치의 완화와 폐기 • 국가재난관리 시스템의 형식화 • 안전규제업무의 민영화 • 관피아 등으로 상징되는 감독기관과 피감독기관의 유착 구조와 관행 • 무책임한 낙하산 인사정책 • 국가재난 컨트롤타워 역할의 부재 등

진행 중인 수사나 감사의 대상	• 돈벌이에 눈이 먼 선주의 잘못 • 자질이 부족한 선원 등 직원들의 부도덕성과 위법행위 • 감독기관 실무 담당자들의 부조리와 위법행위 • 구조에 참여한 해양경찰의 부실과 위법행위
실태	→ 수사나 감사가 참사의 근본원인은 회피한 채 실무 단위에 대한 책임 공방에 그침 → 원인에 대한 반성 없이 결과에 대한 하부의 책임으로 세월호 정국 탈출 시도

　박근혜 대통령은 지난 4월 17일 진도 실내체육관을 방문하여 "있을 수 없는 일이 일어난 데에 철저한 조사와 원인 규명으로 책임질 사람은 엄벌토록 할 것"이라면서, "이 자리에서 한 약속이 지켜지지 않으면 여기 있는 사람들 다 물러나야 한다"고 약속했다. 하지만 세월호 참사의 책임을 지고 물러난 정홍원 국무총리는 우여곡절 끝에 유임되었고, 유정복 전 안행부 장관은 인천시장으로 공천되어 당선되었으며, 이정현 전 청와대 홍보수석도 새누리당 국회의원으로 공천되어 당선되는 등 세월호와 관련하여 책임지고 물러난 사람은 거의 없다. 오히려 세월호 참사 이후 국가정보원 제2차장, 청와대 민정비서관, 방송통신심의위원장 등의 자리에 공안·친위 인사[143]를 임명하기에 바빴다. 김수민 국가정보원 제2차장은 공안 검사 출신, 우병우 청

143 한겨레신문, 〈세월호 국면서 박대통령 '친위·공안' 인물 중용〉, 2014. 5. 16.

와대 민정비서관은 노무현 전 대통령 수사주임검사 출신, 박효종 방송통신심의위원장은 박근혜 대선캠프 출신 인사이다.

또한 지난 5월 19일 박근혜 대통령은 대국민 담화에서 눈물을 흘리며 "세월호 참사의 최종 책임은 대통령 자신에게 있다"고 하고, "진심으로 사과하고 대한민국이 다시 태어나는 계기를 반드시 만들겠다"고 약속했다. 세월호 참사와 관련된 진상규명을 위해 특검[144]을 진행하여 모든 진상을 낱낱이 밝혀내고 엄정하게 처벌하며, 여야와 민간이 참여하는 진상조사위원회를 포함한 특별법을 만들 것도 제안했다. 그러나 청와대와 여당은 국정조사 청문회를 위한 증인 채택 과정에서, 김기춘 비서실장과 정호성 청와대 제1부속실장 등 핵심 증인 채택을 거부했다.

현재 청와대와 대통령은 세월호 특별법 제정과 관련한 유가족의 면담 요구마저 거부했다. 박근혜 대통령은 8월 21일 세월호 참사로 희생된 단원고 김유민 양의 아버지 김영오 씨의 대통령 면담 요구를 공식 거부했다. 김 씨는 세월호 특별법 제정을 촉구하면서 이날로 39일째 단식 중이었다. 청와대 민경욱 대변인은 이날 기자들과 만나 "세월호 특별법은 여야가 합의해

----

144 특별검사제도. 수사와 기소를 행정부로부터 독립된 변호사로 하여금 담당하게 하는 제도를 말한다. 고위 공직자의 비리 또는 위법 혐의 관련 사안에 대해 발의되는 경우가 많다.

서 처리할 문제로 대통령이 나설 사안이 아니라고 생각한다"고 밝혔다. 세월호 특별법 제정 약속을 은근슬쩍 뭉개버리고, 여야의 책임으로 떠넘겨버린 것이다.[145] 반면 최근 세월호 참사로 자리에서 물러난 김장수 전 청와대 국가안보실장과 남재준 전 국가정보원장을 청와대로 불러 그간의 노고에 대한 격려와 위로를 전한 것으로 알려졌다.[146]

이러한 청와대의 무책임한 태도에 대한 비판의 목소리가 커지고 있다. 국정의 가장 큰 현안인 세월호 특별법의 장기 표류가 우려되는 상황에서, 국정 최고 책임자인 청와대가 상황을 주도적으로 풀기는커녕 의도적으로 외면하고 있다는 점 때문이다. 게다가 청와대가 세월호 특별법은 모르쇠 하면서, 정부가 추진하고자 하는 각종 법안의 국회 처리는 독려한 사실을 감안하면, '여야가 합의해서 처리할 문제'라며 세월호 특별법 교착 국면을 수수방관하는 태도는 매우 이율배반적이다.

한편 박 대통령이 지난 5월 16일 세월호 참사 가족들과 면담에서 했던 발언도 논란이 되고 있다. 이 당시 대통령은 "무엇보다 진상규명에 유족 여러분의 여한이 없도록 하겠다"고 하며

---

145 경향신문, 〈청와대 "대통령 나설 일 아냐" 세월호 유가족 면담 공식 거부〉, 2014. 8. 21.
146 시사위크, 〈박근혜, 세월호 유가족 면담 재차 거부… 김장수·남재준 청와대 불러 위로〉, 2014. 8. 22.

"특별법은 만들어져야 하고 여러분들의 의견을 수렴해 조사·집행 과정에서 반영될 수 있게 하겠다"고 세월호 유가족들에게 약속했다. 하지만 이러한 대통령의 약속은 현재 특별법 제정 논의에서 전혀 지켜지지 않고 있다.

대통령의 약속	결과
• 4월 17일 진도 실내체육관에서의 약속 "오늘 이 자리에서 지키겠다고 한 약속이 지켜지지 않으면 여기 있는 사람들 모두 물러나야 한다"	• 세월호 책임지고 물러난 사람 없음 - 정홍원 국무총리 유임 - 이정현 홍보수석 국회의원 공천 - 유정복 전 안행부 장관의 인천시장 공천
• 5월 16일 대통령과 세월호 유족 면담 "특별법은 만들어져야 하고 여러분들의 의견을 수렴해 조사, 집행 과정에서 반영될 수 있도록 하겠다. (…) 무엇보다 진상규명에 유족 여러분의 여한이 없도록 하겠다"	• 세월호 특별법 제정에 대한 책임 회피 - 6월 이후 대통령의 세월호 특별법에 대한 언급 부재 - "세월호 특별법은 여야가 합의해서 처리할 문제로 대통령이 나설 일이 아니라고 생각한다"(2014.8.20.) - 유가족 면담 신청 거부
• 지난 5월 19일 담화문 "국민의 생명과 안전을 책임져야 하는 대통령으로서 국민 여러분께서 겪으신 고통에 진심으로 사과드립니다. (…) 이번 사고에 제대로 대처하지 못한 최종 책임은 대통령인 저에게 있습니다. 그 고귀한 희생이 헛되지 않도록 대한민국이 다시 태어나는 계기로 반드시 만들겠습니다"	• 성역 없는 진상규명 사실상 거부 - 청와대 중인 채택 거부 - 수사권과 기소권 부여 사법 체계 흔든다며 거부 • 새누리당 피해자 지원 특위를 통한 보상 등 피해자 지원으로 세월호 책임 봉합 시도

→ 박근혜 대통령의 약속이 전혀 지켜지지 않고 있음
→ 대통령과 청와대는 사고 수습 과정에서 드러난 정부의 총체적 부실 대응에 대해 추상적 사과만을 되풀이할 뿐 법적·정치적 책임을 회피함
→ 유병언 검거와 여론 몰이로 정치적 책임 전가(검거와 단속 연인원 170만 명 이상 동원)

오히려 박근혜 대통령은 지난 9월 16일 국무회의에서 세월호 특별법에 따라 구성될 진상조사 특별위원회에 수사권 및 기소권을 부여하라는 유가족 등의 주장에 대해 "그것은 삼권분립과 사법체계의 근간을 흔드는 일로 대통령으로서 할 수 없고 결단을 내릴 사안이 아닌 것"이라고 말했다. 나아가 "이러한 근본원칙이 깨진다면 앞으로 대한민국의 법치와 사법체계는 무너질 것이고 대한민국의 근간도 무너져 끝없는 반목과 갈등만이 남을 것"이라며 수사·기소권의 진상조사위 부여 요청을 사법체계 및 법치주의의 근간을 훼손하는 일이라고 지적했다. 국민의 안전과 생명을 책임져야 할 대통령이, 수백 명의 목숨을 앗아간 참사에 대한 진상조사와 그에 필요한 특별법 제정 요구를 법치와 사법체계를 무너뜨리는 행위로 비난하고 나선 것이다. 대통령의 발언은 유가족에 대한 자신의 약속을 뒤집고, 국민을 협박하는 너무도 철면피한 주장이 아닐 수 없다.

검경수사와 국정조사로는
안 된다

현행 검경수사와 국정조사 등의 실태

현재까지의 진행 과정을 보건대 합동수사본부나 감사원 또한 청와대와 같은 최고 권력층에 대해 제대로 된 조사를 할 의지와 능력이 없어 보인다. 설령 일부 조사를 한다고 하더라도 이들에게 책임을 물을 것 같지 않다. 감사원이 세월호 참사와 관련한 청와대 감사 당시, 5급 공무원 2명을 보내 청와대 행정관 4명을 방문 조사하는 데 그친 것으로 확인됐다. 감사원은 단 하루 동안 진행된 직원 현장 파견 감사에서 청와대 내부 자료를 1건도 열람하지 못했고, 한 달 뒤 청와대의 서면 답변만

받고 무혐의 처분을 내렸다.[147] 감사원의 청와대 감사가 하나마나한 '총체적 부실감사'였다는 지적이 나오는 이유이다.

국정조사의 경우에도 기관들의 부실한 자료 제출과 답변, 편들기 질문을 통한 쟁점 흐리기, 심지어 관계기관의 국정조사 불출석까지 이루어지면서 진상규명을 위한 역할은 반감되어버렸다. 일부 국정조사 특위위원들의 노력이 있었으나 실효성 있는 조사권 및 책임을 물을 권한이 없어 실질적인 결과를 내는 것에는 한계를 드러냈다. 결국 국회 '세월호 침몰사고 진상규명을 위한 국정조사 특별위원회'는 단 한 차례의 청문회도 개최하지 못한 채 지난 8월 30일에 문을 닫고 말았다.

합동수사본부나 감사원	국정조사
• 청와대 등 고위 권력층에 대한 실질적인 조사 전무 • 정부정책과 시스템 등 근본원인에 대한 조사 전무 • 국정원 의혹 등에 대한 조사 전무	• 청와대 증인 채택 거부 • 기관들의 부실한 자료 제출과 답변 • 편들기 질문을 통한 쟁점 흐리기 • 불출석과 현장조사 거부

세월호 사고의 가장 기본적이고 중요한 사안인 직접적인 침몰의 원인조차 여전히 명확하게 밝혀지지 못했다. 나아가 근본적 원인으로 지목되는 정부의 규제완화정책과 부패한 감독

---

147 경향신문, 〈세월호 청와대 감사 감사원 5급 2명이 하루 만에 끝냈다〉, 2014. 8. 23.

기관과의 유착관계 등도 자세히 밝혀내지 못했다. 그리고 사고가 발생한 지 네 달이 지났지만, 여전히 합동수사본부의 수사는 세월호의 선장 및 선원들과 일선 공무원, 유병언 일가 등으로 한정되어 있다. 유병언의 사체와 관련하여 국립과학수사연구원은 물론 검경 또한 지금까지 가장 기본적인 사망 시점과 사망 원인조차 정확히 밝혀내지 못했다.

이러한 상황이므로 세월호 침몰사고 지휘선상에 있었던 고위공직자들과 권력자들에게 법적 책임을 묻는 수사는 요원할 것으로 보인다. 특히 이 같은 수사의 한계를 드러내는 가장 대표적인 예는 국가정보원 실소유주 의혹이다. 지난 2014년 7월 25일에 드러난 세월호의 국가정보원 실소유주 의혹에 대한 조사는 필수적이나, 현행 수사체계에서 가능할 것이라고 믿는 사람은 없다.

국가정보원의 세월호 실소유주 의혹

지난 2014년 7월 25일 광주지방법원 목포지원에서는 6월 24일 침몰된 세월호에서 건져 올린 업무용 노트북에 대한 증거보전 절차가 진행되었다. 업무용 노트북에 저장되어 있는 자료 가운데 한글 파일로 작성된 〈국정원 지적사항〉이라는 문건이 발견되었고, 문건의 내용과 관련하여 "국가정보원이 세월호의 실소유주거나 운항에 직접적인 관련이 있어 보인다"는 가족대책위의 주장이 제기되었다.

노트북에서 발견된 〈국정원 지적사항〉이라는 문건은 2013년 2월 27일에 작성된 것으로써, 〈선내 여객구역 작업 예정 사항〉이라는 제목으로 약 100여 건의 작업 내용과 작업자 등이 기재되어 있었다. 위 문건에는 구체적으로 천정 칸막이 및 도색작업, 자판기 설치, 분리수거함 위치 선정, 바닥 타일 교체, 샤워실 누수 용접, 배수구작업, CCTV 추가 신설작업, 해양안전수칙 CD 준비, 천정 등 수리, 침대 등 교체 등 배에 대한 매우 구체적이고 상세한 작업 지시를 한 것으로 보인다. 그리고 2013년 3월 15일 첫 출항을 하기 전인 2013년 2월 27일경, 세월호를 매우 꼼꼼하게 체크하고 지적했다. 이 문건의 작성 시기와 내용을 보면 청해진해운이 세월호를 구입하고 증개축한 것에 국가정보원이 깊숙이 관여한 것이 아닌지 의문이 든다.

또한 위 문건에 따르면 국가정보원은 세월호 직원들에게 2월 작업수당 보고서 및 3월 휴가계획서를 작성해서 제출하도록 하였고, 환풍기 청소작업, 조립작업, 로비계단 트랩 이물질 제거작업, 탈의실 수납장 시설 등까지 지적했다. 이러한 정황은 세월호의 소유주가 아니면 관심을 갖지 않는 내용이라 할 수 있으므로, 국가정보원이 세월호의 실제 소유주이거나 운항에 직접적인 관련이 있는 것은 아닌지 의혹이 제기된다.

그리고 국가정보원은 기관보고 때 "세월호와 관련하여 국가정보원이 한 일이 있다면 보고하라"는 특위위원의 질의에 대하여 아무런 보고를 하고 있지 않다가, 가족대책위가 이러한 문건을 공개하자 '2013년 2월 26일과 27일에 예비 사전 점검을 했다'는 자료를 뒤늦게 제출하면서 스스로 의혹을 키우고 있다.

그뿐이 아니다. 지난 8월 22일 청해진해운 관계자 등 11명에 대한 형사재판에서는 세월호가 1년 전 첫 출항을 할 당시에, 국가정보원과 해양수산부, 해경 등 6개 기관 관계자들이 과적 상태에서 제주도까지 다녀온 것으로 드러나 국가정보원과 청해진해운의 관계에 대한 의혹을 짙게 하고 있다. 세월호의 화물 하역·고박 업체인 우련통운 문모 씨(58)와 이모 씨(50)의 변호인은 검찰수사 보고서를 토대로 "2013년 3월 15일 세월호 첫 출항 때 국가정보원, 해경, 해수부, 해운조합 등 6개 기관 관계자 6명이 승선했고, 400톤을 과적한 사실이 있었다"고 밝혔다.[148]

----

148 한겨레신문, 〈국정원·해경·해수부 관계자 탔는데도 세월호 첫 출항부터 300톤 과적〉, 2014. 8. 22.

국정원의 최초 사고 인지 시점과 보고 라인에 대한 의혹

| 해양사고 보고 계통도 |

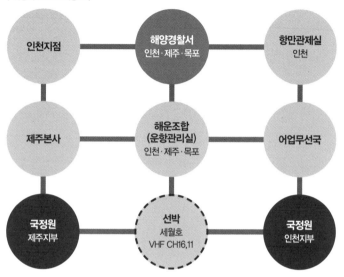

세월호 운항관리규정의 '해양사고 보고 계통도'를 보면 세월호는 사고가 나면 가장 먼저 국가정보원 제주지부와 인천지부에 보고하도록 되어 있다. 세월호 국정조사특위 정진후 위원이 해양경찰청으로부터 받은 '국내 1,000톤 급 이상 17개 여객선 운항관리규정'을 분석한 결과, 국내 여객선 중 유일하게 세월호만 해양사고가 발생했을 때 국가정보원으로 보고할 수 있

는 체계를 갖추고 있었다.[149] 세월호보다 규모가 큰 씨월드고속
훼리 소속의 씨스타크루즈호(1만5,089톤)조차 국가정보원에 대
한 보고 규정은 없고, 사고 시 해경에 비상 연락하도록 되어 있
다. 이에 대해 국가정보원은 "세월호의 운항관리규정은 청해진
해운이 작성하여 관할 해양경찰서로부터 승인받은 것으로, 국
가정보원은 이 과정에 전혀 관여한 바 없다"고 해명했다.

하지만 검찰과 해경, 청해진해운 관계자들의 발언을 종합
하면, 국가정보원은 세월호 침몰과 관련하여 사고 당일 오전 9
시 10분쯤 김한식 청해진해운 사장 등으로부터 문자메시지를
받은 것으로 알려졌다.[150] 이에 대해 국가정보원은 '오전 9시 44
분경 YTN방송을 보고 알았다'고 밝혀 34분의 차이에 대한 의혹
이 제기된다. 이에 청해진해운 측은 "해경에 따로 연락하지 않
은 것은 제주 VTS와 진도 VTS에서 사고를 먼저 인지하고 있다
고 생각했기 때문이고, 해당 부서가 사고로 정신이 없을 것 같
아 혹시 (국가정보원 보고가) 누락됐을까 봐 알려준 것"이라고 해
명했다.[151]

하지만 5월 20일 정홍원 국무총리가 국회 긴급현안질의에

----

149 주간경향 1088호, 〈국정원과 세월호 '수상한 관계'〉, 2014. 8. 12.

150 경향신문, 〈4월 16일 세월호 침몰 때 국정원은 뭘 하고 있었을까〉, 2014. 5. 15.

151 아시아경제, 〈청해진해운, 세월호 사고 당시 '9시 10분 국정원에 최초 보고'… 해경보다 앞서〉,
2014. 5. 16.

참석하여 "제가 듣기로는 (국가정보원이) 전화로 사고 보고를 받았다고 되어 있고, 그 보고는 세월호 선원이 한 것으로 들었다"고 밝혀 의혹이 증폭되고 있다. 아래 표는 지난 7월 10일 국정조사 국가정보원 기관보고에서 국가정보원의 해명을 정리한 것이다.

| 국정원의 해명(7월 10일 기관보고 내용 중) |[152]

09:19	YTN 뉴스 자막을 통해 최초 인지
09:21	해경청에 최초 문의
09:30	해경청 상황실에 테러 혐의점에 대해 문의
09:33	청해진해운 관리부장으로부터 국정원 인천지부 직원에게 1차 문자 발송 "세월호가 진도 부근에서 선체가 심하게 기울어 운항을 못하고 있다"
09:38	청해진해운 관리부장으로부터 국정원 인천지부 직원에게 2차 문자 발송 "세월호 주변에 경비정과 헬기 도착했다"
09:44	해경청으로부터 공식적인 목포 침몰 선박 발생 보고 제하의 상황 보고서 최초 접수

국가정보원의 막강한 정보력, 비상상황 발생 시 정부기관 간의 정보 공유가 이루어진다는 점, 신고가 처음으로 공식 접수된 시점은 8시 58분, 해경의 구조본부가 가동된 시점은 9시 10분, 해경 경비정이 도착한 시점은 9시 35분인 점에 비추어볼

---

152 국가정보원 기관보고는 비공개로 진행되어 언론의 기사를 기반 하여 재구성했다.

때, 국가정보원은 세월호 침몰에 대해 미리 인지하고 있었을 가능성이 높아 보인다.

국가정보원이 세월호 침몰을 언제 어떠한 경로로 인지하였고, 인지한 이후 누구에게 보고하고 어떻게 조치를 취했는지는 반드시 조사해야 할 부분이다. 그리고 유독 세월호에서만 발견되고 있는 〈국정원 지적사항〉과 '해양사고 보고 계통도' 등에 대한 의혹도 반드시 규명되어야 한다. 앞에서 살펴본 바와 같이 현행 검경수사나 국정조사로 이러한 의혹을 밝히는 것은 한계가 있다. 향후 실효성 있는 수사권과 강제력이 있는 독립된 조사위원회를 통한 철저한 진상규명과 책임자 처벌이 필요하다.

세월호 참사의 교훈을 거부하는
대통령의 역주행

반성 없는 규제완화 드라이브정책

5월 19일 세월호 참사와 관련하여 "최종 책임은 저에게 있다"던 박근혜 대통령과 정부의 태도는 몇 달도 지나지 않아 달라졌다. 지난 8월 26일 박근혜 대통령은 청와대에서 열린 제5차 국민경제자문회의에서 세월호 참사의 중요한 원인 중 하나였던 '규제완화'를 거듭 지시했다. 박 대통령은 같은 회의에서 "그간 공공기관이 독점해왔던 안전점검이나 안전교육도 민간업체를 참여시키면 일자리 창출을 가속화할 수 있다"고 언급했다. 이는 공공기관의 안전업무에 대한 민영화와 상업화를 추진

하겠다는 의사를 노골적으로 드러낸 것이기에 충격이 아닐 수 없다. 한발 더 나아가 이 회의에 참석했던 한 민간 위원은 "안전을 산업으로 육성하는 차원에서 민간기업, 특히 대기업의 참여는 정부 예산의 한계를 보완하고 단기간에 안전도를 높이기 위해 필수적"이고, "해외에선 도로·교량 등 주요 기간시설에 대한 민영화나 운영 아웃소싱(외주)을 통해 '윈윈(win-win)'을 성취한 사례가 다수이며, 정부도 지원을 위한 규제개혁 등의 노력이 긴요하다"고 말해, 사실상 안전을 대기업의 돈벌이 수단으로 전락시킬 수 있는 의견을 제시하기도 했다.[153]

같은 날 최경환 경제부총리는 세월호 특별법 제정을 둘러싼 정치권의 진통을 정면으로 비판하며, '민생안정과 경제활성화를 위한 입법을 서둘러 달라'는 호소문을 발표했다. 정홍원 국무총리도 8월 29일 세월호 특별법 제정 문제는 언급하지도 않은 채 '국회 정상화'만을 촉구하는 맥 빠진 대국민 담화를 발표했다.

이처럼 정부와 여당은 세월호 참사의 근본적인 원인과 국정의 운영 철학에 대한 반성과 변화 없이 오히려 4월 16일 이전으로 역행하고 있다. 정부의 규제완화, 정부업무의 민영화, 외

----

153 한겨레신문, 〈'세월호 해법' 응답 안 한 채… 경제활성화 급하다는 정부〉, 2014. 8. 26.

주화와 비정규직화를 통한 비용 절감과 이윤 추구는 세월호 참사의 근본적인 원인으로 지적되었다. 현재 정부와 대통령이 조속한 처리를 요구하는 경제활성화 법안들의 실상은 대기업 특혜, 부동산 투기 우려, 사행산업 조장, 교육·환경을 침해하는 과도한 규제완화 등으로 흐를 가능성이 높다.[154] 실제 일부 법안을 보면 의료영리화정책 추진 근거의 마련을 목적으로 하는 서비스산업발전기본법, 재벌기업과 대형 병원의 수익창출과 관련이 있어 보이는 원격의료와 민간보험사의 해외 환자 유치를 허용하는 의료법, 주택분양가 상한제 원칙 폐지를 담은 주택법, 학교 환경위생 정화구역 내 관광숙박시설을 허용하는 관광진흥법, 선상 카지노 허가로 사행산업을 확산시킬 수 있는 내용이다. 400만 명을 넘어 500만 명에 가까운 국민이 서명을 통해 지지하는 세월호 특별법은 외면한 채, 무늬만 민생법안으로 포장한 대기업 특혜 내지는 규제완화의 입법을 쏟아내고 있는 것이다.

국가의 가장 중요한 임무는 국민의 생명과 안전을 지키는 일이다. 하지만 박근혜 정부와 여당은 민생과 경제활성화라는 미명하에 더욱 노골적으로 안전업무의 민영화·상업화를 추진함으

---

154 한겨레신문, 〈정부 '민생법안' 실제론 규제풀기… 대기업 특혜 치중〉, 2014. 8. 30.

로써 국가가 책임져야 하는 사회 안전망을 해체시키고 있다.

세월호 참사의 진상규명과 책임 추궁의 필요성

청와대는 재난 대응의 컨트롤타워가 아니라는 스스로의 주장에도 불구하고 대형 재난사고의 책임에서 자유로울 수 없다. 이미 국정조사 과정에서 청와대의 기관보고가 있었지만, 세월호 참사 당시 청와대와 대통령이 어떻게 대처했는지에 대한 의문은 전혀 해소되지 않고 있다. 김기춘 비서실장이 사고 당일 7시간에 걸친 대통령의 행방을 끝내 모르쇠로 일관함에 따라 이를 둘러싼 의문은 오히려 증폭되고 있다.

그리고 지난 7월 25일 세월호 노트북에서 발견된 〈선내 여객구역 작업 예정 사항 - 국정원 지적사항〉 문건은 국정원과 세월호의 관계에 대한 의혹을 불러일으켰다. 국정원이 지적한 100여 건의 사항이 보안과 무슨 관련이 있는지, 실제 소유주가 아니면 세세하게 지적할 수 없는 사항(직원 휴가계획서 제출과 작업 수당 보고서 제출, 자판기 설치 등)임에도 불구하고 이를 지적하게 된 경위에 대해서는 전혀 밝혀지지 않았다.

최근에는 증거보전 절차를 통해 공개된 세월호 선내 CCTV 영상과 관련하여 여러 의혹이 제기되고 있다. CCTV 영상이 담긴 DVR PC는 세월호의 침몰 원인을 밝혀줄 결정적인 수사 자료가 될 수 있음에도 검경 합동수사본부는 이를 방치하였고, 유가족들이 발견해 증거보전 조치를 취한 것이었다. 그리고 현재 복원된 CCTV 영상과 관련하여 CCTV 영상이 꺼진 시각과 64대의 CCTV 전원이 한꺼번에 꺼진 경위가 명확하지 않다. 또한 CCTV에 찍힌 항해사와 선장의 석연치 않은 행동, 세월호가 침몰하기 시작한 이후 선장의 수상한 통화 내역 등에 대한 조사가 이루어지고 있는지 역시 여전히 의문이다.

이처럼 청와대의 부실 대응 의혹, 국정원의 세월호 개입 의혹, 세월호 선내 CCTV 관련 의혹 등 중대한 사안이 잇따르고 있다. 하지만 수사당국이 과연 청와대의 직무 유기 가능성과 국정원 개입 관련 의혹을 제대로 수사할 수 있을 것인가? 불행히도 이 같은 의혹은 기존 검경 합동수사본부의 수사나 국정조사로는 해소될 수 없을 것이 분명하다. 세월호 참사와 관련된 의혹의 상당 부분이 청와대·국정원·해경·해양수산부 등 국가기관과 연결되어 있기 때문에, 정부와 여당은 유가족들의 진실규명 요구를 완강하게 거부하고 있고 앞으로도 거부할 가능성이 크다. 이러한 한계에 가로막혀 세월호 참사에 대한 철저한 진상규명을 하지 못하게 되면 책임자 처벌은 물론 대안을 마련할 수도 없게 될 것이다. 그리고 안전사회를 건설하고자 하는

온 국민의 염원도 수포로 돌아가게 된다. 그래서 유가족과 많은 시민 들은 자신의 생업마저 접고 단식 투쟁과 노숙 농성 등을 마다하지 않으며, 독립된 진상조사기구(진상조사위원회)의 설치와 그 조사 기구에 합당한 권한(수사권과 기소권)이 포함된 특별법 제정을 촉구하고 나섰다. 결국 여러 의혹을 해소하고 세월호 참사의 진실에 한걸음 다가가기 위해서는 성역 없는 진실 규명과 관련 책임자에 대한 합당한 처벌이 반드시 이루어져야 한다.

독립된 진상조사기구가
필요하다

지난 7월 28일과 29일 이틀 동안 수원지방법원 안산지원에서 단원고 생존 학생들의 증인신문 절차가 진행되었다. 그중한 학생은 증언 말미에 "선원들에 대한 처벌보다 더 원하는 것은 왜 친구들이 그렇게 돼야 했는지 그 근본적인 이유를 알고싶다"고 진술했다. 이 진술은 무엇 때문에 세월호 침몰사고는대참사가 될 수밖에 없었는지, 수백 명의 생떼 같은 목숨을 수장시켜야 했는지, 진실을 알고 싶은 국민들의 생각을 반영하고있다.

현재의 꼬리 자르기식 검경수사와 감사원의 감사, 정쟁이

난무하는 국정조사로는 세월호 침사의 진상을 규명하는 데 한계가 있다. 과거 검찰의 '용두사미'와 같은 재난수사가 되풀이되지 않기 위해서는 결국 권력에 휘둘리지 않는 독립된 조사위원회가 필수적이다. 진상조사 주체에게 조사의 실효성을 담보할 조사권을 부여해야 한다는 점은 두말할 나위가 없다. 그리고 그 조사된 내용에 따라 엄중한 책임을 묻기 위해서는 권력층의 지휘를 받는 통상적인 기소 체계가 아닌, 권력으로부터 독립된 기소권(소추권)이 요청된다.

이에 따라 세월호 유가족들과 국민대책위는 지난 7월 9일 350여만 명의 국민이 서명한 '4·16 참사 진실규명 및 안전사회 건설 등을 위한 특별법'을 입법 청원했다. 처음부터 끝까지 제대로 된 진상규명을 보장하고 안전사회 건설을 위한 대안을 모색하는 것이 주된 내용이다. 그 내용을 구체적으로 살펴보면 다음과 같다.

① 유가족과 국민이 믿을 수 있는 전문가들로 구성된 특별조사위원회를 구성한다.
② 특별조사위원회에 충분한 활동 기간을 보장한다.
③ 특별조사위원회에 분야별 진상규명 활동을 위한 소위원회를 구성한다.

④ 특별조사위원회에 독립된 수사권과 기소권을 보장한다.

하지만 정부와 새누리당은 국민이 입법 청원한 특별법안이 우리나라 사법 체계를 뒤흔드는 무리한 주장[155]이라며 여론을 호도하고 있다. 하지만 다음과 같은 이유에서 정부와 새누리당의 주장은 근거 없는 선동으로 보인다.

첫째, 우리나라 헌법 어디에도 검찰청 내의 검사에게만 수사권과 기소권을 부여한다는 규정은 없다. 국회에서 검찰청 검사의 자격과 권한을 검찰청법 제29조로 정할 수 있는 것과 마찬가지로, 특별법으로 검찰청법에 의한 검사 이외의 자에게 검사의 자격과 지위를 주고 수사권과 기소권 역시 부여할 수 있다.

둘째, 수사권과 기소권을 누구에게 주느냐는 무엇이 가장 국민을 보호할 수 있는 바람직한 방향인지에 따라 결정되는 입법정책의 문제이다. 독일이나 프랑스는 국가기관이 범죄자를 재판에 넘기는 국가소추주의를 취하면서도, 피해자인 개인이 직접 공소를 제기할 수 있는 제도를 마련하고 있다. 영국이나 미국은 검사의 자의적인 기소를 견제하기 위해 일반 국민에게

----

155 새누리당 김무성 대표는 '4·16 특별법'의 핵심 쟁점인 진상조사기구에 수사권 및 기소권을 부여하는 내용과 관련하여 "(검사에게 기소권을 두고 있는) 우리나라 사법 체계를 흔드는 것"이라고 말했고, 황교안 법무부 장관은 "수사기관이 아닌 곳에서 수사권을 가진 적이 없다"는 입장을 밝혔다.

배심원으로 참여하여 공소 제기 여부를 결정하도록 하는 기소 배심제도를 두고 있다.

셋째, 우리나라도 이미 법률에 따라 검찰청 검사 이외의 자에게 수사권과 기소권을 부여하는 제도를 시행해오고 있다. 경찰이 아닌 공무원에게 수사 권한을 부여하는 특별사법경찰관리 제도 역시 고용노동부(근로감독관), 산림청, 관세청 등 50여 개 공적기관에서 이미 시행하고 있다. 또한 특검 역시 1988년부터 지금까지 무려 67건이나 국회에서 발의되었고, 이 중 12건에 달하는 특별검사법이 국회에서 통과되어 이명박 내곡동 사저 특검, 삼성 비자금 특검 등의 이름으로 수차례 시행된 바 있다.

따라서 세월호 특별법의 핵심 쟁점인 진상조사기구에 수사권 및 기소권을 부여하는 것은 우리나라 사법 체계를 흔드는 것이 아니라, 성역 없는 조사를 통해 진실을 밝히고 관련자들의 책임을 철저하게 추궁하여, 다시는 이러한 비극이 발생하지 않도록 제대로 된 대안을 만드는 첫걸음이다.

우리 사회가 세월호와 같은 대참사를 반복하지 않기 위해서는 철저한 진상규명을 위한 진상조사위원회의 설치와 강제성 있는 조사권과 기소권을 부여하는 방안을 심도 있게 고민해야 한다. 국회는 수사권과 기소권을 배제한 속 빈 특별법 합의로 또다시 국민의 기대와 염원을 기만하는 잘못을 범하지 말아야 한다. '법치'란 국가권력의 독선적인 행위를 막기 위한 것이지, 유가족과 국민의 염원을 통제하기 위한 것이 아니기 때문이다.

과제
• 알맹이 빠진 여야 합의안 폐기
• 권력에 휘둘리지 않는 공정하고 독립된 진상조사위원회 설치
• 강제력 있는 조사와 책임자 처벌을 위해 수사권과 기소권 보장하는 특별법 제정

부록

여객선 감독기관 주체별 업무 및 법적 근거

주체	직무 관련	법적 근거	세월호 참사 관련
해양 수산부	1. 선박운항 허가(해운법) 2. 한국선급에 대한 지도·감독	1. 해운법 제4조(사업 면허), 제5조(면허기준) 제21조(운항관리규정의 작성 및 심사) 2. 선박안전법 제60조(검사 등 업무의 대행), 선박안전법 제62조(대행업무에 관한 감독)	1. 해양수산부는 선령·시설·항로 등 운항안전에 관한 일반적 사항을 심사해 세월호에 대한 여객운항면허를 발급함 2. 한국선급에 대한 지도·감독을 게을리하여 세월호의 증·개축에 대한 심사가 부실하게 이루어짐
한국선급	1. 선박안전 관리 의무 2. 선박 증개축 심사	1. 선박안전법 제60조(검사 등 업무의 대행), 선박안전법 제77조(선박검사원) 2. 선박안전법 제60조(검사 등 업무의 대행)	선박의 개조와 운항 과정(감항능력)에 관한 필수적인 검사기능을 수행하는 선급법인으로서, 세월호 정기 중간검사와 증축 당시 복원성 검사를 모두 통과, 2014.2. 세월호의 배수와 통신, 조타장비, 안전시설 등 200여 개 항목에 대해 적합 판정을 내림
해양경찰	1. 운항관리규정 심사 및 감독 의무 2. 선박운항 관리자(한국해운조합)에 대한 감독 의무	1. 해운법 제21조(운항관리규정의 작성 및 심사), 해운법 제22조(여객선 안전운항관리), 시행령 27조(권한의 위임), 시행규칙 제15조의3(운항관리규정의 제출), '여객선안전관리지침(해양경찰청 고시 제2013-5호)'제8조(여객선운항관리규정심사위원회) 2. 해운법 제22조 제2항(여객선 안전운항관리), 시행규칙 제15조의8(운항관리자의 직무), 시행규칙 제15조의9 제1항(운항관리자에 대한 지도·감독)	1. 세월호의 부실한 운항관리규정을 심사하여 변경 요구해야 할 전문위원회와 최종 승인권자인 해양경찰은 아무런 이의 제기 않아 감독 의무 해태, 허위로 작성된 재화중량에 대하여 감독 의무 해태 2. 출항 전 운항관리자는 허위로 작성된 안전점검보고서를 안전점검도 없이 승인하였고, 그로 인해 세월호는 화물 과적과 허술한 화물 고박으로 출항 가능, 운항관리자에 대한 해양경찰의 감독 의무 해태
한국 해운조합	1. 선박안전 관리 의무 2. 운항 관리자의 직무	1. 한국해운조합법 제6조(사업), 해운법 제22조(여객선 안전운항관리) 2. 해운법 제22조 제2항(여객선 안전운항관리), 시행규칙 제15조의8(운항관리자의 직무)	선박이 출항하기 전에 화물선적 내역 등을 해운조합에 제출하면 조합 및 조합소속의 운항관리자는 이를 확인해야할 의무 있음. 세월호는 해운조합 및 운항관리자의 제지 없이 과적 상태로 출항했고, 복원력 상실로 인하여 침몰

	새누리당(서청원, 김학용)	새정치민주연합(전해철)	가족대책위안(대한변호사협회)
진상조사 기구 구성	● 서청원 의원안 국회 안에 '세월호 4·16 사고 반성 과진상조사 및 국가재난 방지체계 혁신을 위한 특별위원회 구성(안 제4조 제1항) 위원장 1명과 20명 이내의 위원을 두고 위원장은 국회의장이, 위원은 여야 동수로 구성(안 제4조 제3항, 제4항) ● 김학용 의원안 '세월호 사고 진상조사위원회' 구성(안 제7조 제1항) 위원장 1인을 포함한 20명 이내의 위원으로 하되 위원은 국회의원 10명과 세월호 참사 피해자 4명, 그 밖에 국회에서 추천한 6명으로 하여 국회의장이 임명하거나 위촉(안 제7조 제3항) → 국회의원 10명+국회 추천 6명+ 피해자 대표 4명 = 20명	● '세월호 참사 특별조사위원회' 구성(안 제6조) 위원은 국회가 대통령이 소속되거나 소속되었던 정당의 교섭단체가 추천하는 6인, 그 외 교섭단체와 비교섭단체가 추천하는 6인을 포함한 12명(상임위원 2명 포함)과 피해자단체가 추천하는 3명(상임위원 1명 포함)을 대통령이 임명하고, 위원장은 상임위원 중에서 호선하고 부위원장은 위원장이 지명(안 제8조) → 국회 추천 12명+피해자단체 추천 3명 = 15명	● 독립적 지위를 갖는 국가기구인 '4·16 참사 특별위원회'를 구성(안 제3조) 국회가 추천하는 8인(상임위원 2명 포함), 4·16 참사 피해자 단체가 추천하는 8인(위원장 및 상임위원 1명 포함)을 대통령이 임명(안 제4조) → 국회 추천 8명+피해자 단체 추천 8명 = 16명
강제력 있는 수사권과 처벌권한 있는 기소권 여부	● 서청원 의원안 위원회가 관계 행정기관 또는 단체에 세월호 4·16 사고와 관련된 자료의 제출요구, 수집 및 분석(안 제5조), 세월호 4·16 사고 진상조사보고서를 작성(안 제6조), 국회가 세월호 4·16 사고와 관련하여 국정조사를 실시할 경우 위원회가 해당 규정조사특별위원회가 된다고 규정(안 제7조) ● 김학용 의원안 서청원 의원안과 같음(안 제7조) → 자료 수집 및 분석 보고서 작성 권한만 가지고 있음	● 4·16 세월호 참사와 관련한 자료 및 물건의 제출명령, 실지조사, 청문회, 동행명령, 고발, 수사 의뢰, 감사원 감사 요구 등 가능(안 제27조, 제28조, 제29조, 제30조, 33조, 34조)	● 4·16 위원회의 실지조사, 행정기관에서의 자료 제출 요구, 동행명령, 청문회 실시 등의 권한을 규정(안 제23조) 제1소위원회(진상규명 소위원회) 상임위원은 독립적인 검사의 지위 및 권한 있음(안 제23조), 위원회의 조사관은 특별사법경찰관리의 지위 및 권한 있음(안 제25조) → 수사 및 기소권 부여 (조사 사건에 한하여 진상규명 소위원회를 맡게 되는 상임위원에게 독립적인 검사의 지위와 권한 부여)

세월호 특별법 진상규명 관련 법안 비교 2

	새누리당(서청원, 김학용)	새정치민주연합(전해철)	가족대책위안(대한변호사협회)
조사 기간	● 서청원 의원안 위원회의 활동 기간 1년 이내(안 제19조) ● 김학용 의원안 6개월 이내에 자료수집 및 분석을 완료하된 3개월 이내에서 연장 가능(안 제10조) → 1년 이내로 제한	● 위원회의 활동 기간을 그 구성을 마친 날부터 1년 이내, 위원회의 의결로 6개월씩 2회 연장 가능(안 제9조) → 최대 2년까지 가능	● 위원회의 활동 기간을 2년으로 하고, 1년 이내의 범위에서 1회에 한하여 연장 가능(안 제19조) → 최대 3년까지 가능
재발방지 시스템 및 안전사회 건설을 위한 대안 마련 여부	● 김학용 의원안 '세월호 사고 진상조사위원회'가 국가재난관리 체계 개선 등에 관한 권고 사항을 의결가능(안 제7조)	● 위원회의 업무로 세월호 참사와 유사한 사고의 재발을 막기 위한 종합대책수립에 관한 사항을 의결 가능(안 제7조)	● 제2소위원회(안전사회 소위원회)가 안전사회 건설·확립위한 대책을 마련, 권고 및 정부 관계기관에 대한 이행강제와 징계요구 가능 4·16 안전재단을 통한 향후 안전사업 지속 및 권고 이행에 대한 모니터링
종합 검토	4·16 세월호 참사에 대한 철저한 진상규명은 정부나 국회 주도가 아닌 독립성과 전문성을 갖춘 진상조사기구에 의하여 이루어져야 하고, 충분한 예산과 인력, 조사 기간이 보장되어야 한다. 새누리당안은 주로 진상조사 보고서 작성만을 주된 업무로 설정해 가장 기본적인 진상규명의 구체적인 방법을 담고 있지 못하고, 조사 기간도 1년 이내로 매우 제한적이다. 새정치민주연합안은 수사 및 기소권 부여에 있어서 특검 형태를 염두에 두고 있는 반면, 가족대책위안은 진상조사위원회 내의 진상규명 소위원회 상임위원에게 검사의 지위와 권한을 부여하는 것으로 되어 있다. 여야는 400여만 명이 입법 청원한 가족대책위안에서 핵심 내용을 이루는 '진상조사위원회의 수사권과 기소권' 요구를 배제한 채 특검추천권의 문제로 쟁점을 축소했다. 이는 현행 상설특검법에 따르자는 것으로, 진상조사위원회의 진상조사 기간(1~3년)에 비해 상설특검법의 수사 기간이 90일(1회 연장을 하다라도 최장 180일)로 지나치게 짧아 연계성과 실효성에 의문이 제기된다. 또한 수사 대상도 본회의 의결로 별도로 정하기 때문에 진상조사위원회의 조사 대상보다 범위가 축소될 가능성이 있다. 따라서 세월호 특별법의 문제를 현재와 같이 특검추천권을 누구에게 줄 것인지의 문제로 쟁점을 축소하거나 왜곡해서는 안 된다. 성역 없이 조사를 할 수 있는 실효성 있는 조사권과 지위 고하를 막론하고 책임자를 처벌할 수 있는 권한을 부여하는 내용으로 세월호 특별법 제정을 검토해야 한다.

세월호 피해자 지원 관련 법안 비교

	새누리당	새정치민주연합	가족대책위안
관련 법안	● 세월호 4·16 사고 반성과 진상조사 및 국가재난 방지 체계 혁신을 위한 특별법안(서청원 의원) ● 세월호 침몰사고 피해보상 등에 관한 특별법안(김명연 의원) ● 세월호 침몰사고 피해 보상 등에 관한 특별법안(김학용 의원) ● 세월호 침몰사고 피해학생의 대학입학지원에 관한 특별법안(김명연 의원) → 총 4개 법안	● 세월호 침몰 희생자 유가족과 생존자의 치유와 회복을 위한 긴급지원 법률안(장하나 의원) ● 세월호 침몰사고 피해 학생의 대학입학지원에 관한 특별법안(유은혜 의원) ● 세월호 참사 피해자 등의 지원을 위한 특별법안(김우남 의원) ● 4·16 세월호 참사 진상규명 및 피해자 지원 등에 관한 특별법안(전해철 의원) → 총 4개 법안	● 4·16 참사 진실규명 및 안전사회 건설 등을 위한 특별법안(7월 9일 입법 청원) → 1개 법안
대체적 내용	● 세월호 사고 보상심의위원회(해양수산부 소속) 손해배상금 상당의 보상금 선지급, 구상권 행사 ● 세월호 침몰사고 피해학생의 대학입학지원에 관한 특별법안(김명연 의원안)	● 의사상자, 진도 어민 보상, 생활지원·공동체회복 지원 등 상당히 상세한 지원 목록 나열 ● 세월호 침몰사고 피해학생의 대학입학지원에 관한 특별법안(유은혜 의원안)	● 보·배상, 피해자 지원 핵심 원칙만 정리 ● 제4장 피해자 지원 등(5개 조문, 204~205쪽 참조)
대체적 내용	● 보상금, 보상위원회 지원, 배상, 의료지원금, 생활지원금, 사료관, 위령묘역, 추념일, 대학입학	● 의료지원, 치료비지원(외상 후 스트레스), 장례비지원, 생활안정, 중소기업·소상공인 지방세 및 건강보험료 경감 및 감면, 예비군 훈련 면제, 병역 입영기일 연기 (추모 공원, 추모비 건립 : 피해자 단체 의견 수렴 후), 대학입학	● 가족대책위안에는 '대학 특례입학', '의사자 지정', '추모 공원 건립', '유가족 생활안정 평생 보장', '유가족 정신적 치료 평생 보장' 등의 내용은 전혀 없음 ● 성역 없는 수사를 위한 '수사권', '기소권', '재발 방지'를 요구하였음
종합 검토	세월호 유가족들이 요구하고 있는 것은 초지일관 철저한 진상규명과 책임자 처벌, 그리고 안전한 대한민국 건설을 위해 수사권, 기소권이 담보된 특별법을 마련해야 한다는 것이다. 따라서 유가족은 최대한 성역 없는 진상규명에 초점을 맞추고자 피해자 지원과 관련하여 5개 조문으로 핵심 원칙만 정리하여 '4·16 특별법'을 만들고자 했다. 이에 반하여 새누리당과 새정치민주연합은 앞 다투어 4개씩의 피해자 지원 법안을 쏟아냈다. 이는 성역 없는 수사를 요구하며 '수사권과 기소권을 보장하는' 세월호 특별법을 만들고자 하는 가족대책위 안과 전혀 다르고, 여야가 발의한 피해자 지원 법안은 실제 유가족이 진정으로 원하는 특별법이 아닌 것이다.		

4·16 참사 진실규명 및 안전사회 건설 등을 위한 특별법안

• '4·16 참사 진실규명 및 안전사회 건설 등을 위한 특별법안'은 세월호 사고 희생자·실종자·생존자 가족대책위원회의 의뢰로 대한변호사협회가 초안을 만들고, 민주사회를 위한 변호사모임과 세월호 참사 국민대책회의의 의견을 종합하여 만든 단일안입니다.

제1장 총칙

제1조(목적)

이 법은 2014. 4. 16. 전라남도 진도군 관매도 부근 해상에서 발생한 4·16 참사 사건의 직·간접적, 구조적인 원인을 규명하여 책임 소재를 밝히고, 희생자의 명예로운 넋을 위로·기억하며, 피해자 및 그 가족 지원 등을 통해 인간의 존엄성을 기리고, 재난 방지 및 대응책을 수립함으로써 안전한 사회를 건설·확립하는 것을 목적으로 한다.

제2조(정의)

이 법에서 사용하는 용어의 정의는 다음과 같다.

1. '4·16 참사'란 2014년 4월 16일 전라남도 진도군 관매도 부근 해상에서 여객선 세월호가 침몰하여 승선자의 다수가 사망, 부상 및 후유장해, 실종 당한 사고를 비롯하여 구조, 수색 과정 전반에 걸쳐 발생한 모든 사건을 말한다.

2. '4·16 참사 피해자'란 다음과 같다.

가. 세월호에 승선한 자 중에서 사망하거나 행방불명된 자(이하 '희생자'라 한다.)

나. 세월호에 승선한 자 중에서 참사로 인하여 상해·질병·후유장애를 입은 자(다만, 세월호 선장 및 선박직 직원은 제외한다.)

다. 다음 각 목 중에서 제3조의 4·16 참사 특별위원회가 피해자로 인정한 자

1) 위 가. 나.항에 해당하는 자의 배우자(사실상의 배우자를 포함한다.)와 직계존속, 직계비속, 형제·자매 및 각 그 배우자

2) 4·16 참사 당시 경기도 안산시 단원고등학교의 학생 및 교직원

3) 4·16 참사 당시 세월호에 화물을 적재하는 등으로 물적 피해를 입은 자(다만, 보험 등으로 보상받은 금액은 공제하고, 세월호 소유자 및 선장과 선박직 직원의 물적 피해는 제외한다.)

4) 그 밖에 진도 어민, 안산 시민 등으로 4·16 참사와 관련하여 직·간접적인 피해를 입은 자

3. 4·16 참사 '유족'이라 함은 민법에 의한 위 희생자의 재산상속인을 말한다. 다만, 행방불

명된 희생자의 경우에는 민법 제27조 제2항, 제28조의 규정에도 불구하고 4·16 참사로 인해 사망한 희생자의 유족으로 보며, 희생자가 미성년자로서 실질적인 양육자와 재산상속인이 다른 경우에는 실질적인 양육자도 유족으로 본다.

4. '4·16 참사 피해자 단체'란 4·16 참사 피해자 및 유족이 구성한 단체를 말한다.

제3조(4·16 참사 특별위원회 설치, 업무 및 독립성)

① 이 법이 정하는 업무를 수행하기 위하여 4·16 참사 특별위원회(이하 '위원회'라 한다.)를 둔다.

② 위원회는 다음 각 호의 업무를 수행한다.

1. 4·16 참사 진실규명 및 의혹 해소를 위하여 필요하다고 인정되는 사항에 대한 조사 또는 수사

2. 4·16 참사에 직·간접적 원인을 제공한 법령, 제도, 관행 등에 대한 개혁 및 대책 수립에 필요하다고 인정되는 사항에 대한 조사 및 연구 활동

3. 동일·유사한 재난 예방 및 대책 수립을 위하여 필요하다고 인정되는 사항에 대한 조사, 연구, 정책대안 등의 마련

4. 인간의 존엄성을 유지하며 안전하게 살 수 있는 사회를 위하여 필요하다고 인정되는 사항에 대한 조사 및 대책 수립

5. 4·16 참사 희생자의 넋과 명예로운 희생 및 인간의 존엄성을 기리기 위하여 필요한 사항

6. 4·16 참사 피해자 및 유족에 해당하는지 여부의 심의·결정

7. 4·16 참사 피해자 및 유족에 대한 보·배상·의료지원·생활지원(이하 '보상 등'이라 한다.) 등의 관련 업무

8. 이 법이 정한 목적 달성을 위하여 위원회가 필요하다고 판단하는 업무

③ 위원회는 정치적 중립성을 지키고, 그 권한에 속하는 업무를 독립하여 수행한다.

제2장 위원회 구성 및 운영

제4조(위원회 구성)

① 위원회는 위원장 1명, 상임위원 3명을 포함한 16인의 위원으로 구성한다.

② 위원은 다음 각 호에 해당하는 자 중에서 국회가 추천하는 8인(상임위원 2명 포함), 4·16 참사 피해자 단체가 추천하는 8인(위원장 및 상임위원 1명 포함)을 대통령이 임명한다.

1. 공인된 대학에서 전임교수 이상의 직에 10년 이상 재직한 자

2. 판사·검사·군법무관 또는 변호사의 직에 10년 이상 재직한 자

3. 3급 이상 공무원으로서 공무원의 직에 10년 이상 있거나 있었던 자

4. 재해 관련 연구·활동에 10년 이상 종사한 자

5. 종교계, 언론계, 문화·예술계 또는 시민사회단체 등에서 10년 이상 활동한 자

6. 위원회 활동에 필요로 하는 전문적인 지식과 경험을 갖는 것으로 인정되는 자

③ 대통령은 4·16 참사 피해자 단체의 추천 의견을 존중하여 위원장을 위촉한다.

④ 위원장 및 상임위원은 정무직으로 보한다.

제5조(소위원회의 구성 및 업무)

① 위원회는 진실규명 등 그 밖의 위원회 업무의 일부를 수행하게 하기 위하여 산하에 3개의 소위원회를 구성한다.

② 각 소위원회는 각 상임위원 1인을 두고, 5인의 위원으로 구성한다.

③ 제1소위원회(진실규명 소위원회)는 제3조 제2항 제1, 2호의 업무와 이에 필요한 조사 및 연구를 담당하며, 아래의 각 호에 해당하는 내용을 포함한다.

1. 4·16 참사에 직·간접적으로 영향을 미친 선사, 선원, 감독기관 등과의 유착비리, 범죄 등에 대한 진실규명

2. 해양경찰청, 해양수산부, 안전행정부, 해군, 소방방재청, 전라남도 도청, 진도군청, 경기도교육청, 국가정보원, 국무총리실, 청와대, 범정부사고대책본부, 기타 관련 기관 및 단체 등의 4·16 참사와 관련한 사고 원인, 구조 및 수습, 수사과정에서의 부실 및 비리, 범죄 등 일체의 관련 의혹 규명

3. 4·16 참사에 대한 국가, 사회(언론 포함)의 재난 보도시스템 및 행태에 대한 진단 및 개선 과제, 기타 세월호 피해자 및 유족에 대한 미행 감시 등을 포함한 권리침해 행위에 대한 진실규명 및 개선 과제

④ 제2소위원회(안전사회 소위원회)는 제3조 제2항 제3, 4호의 업무와 이에 필요한 조사 및 연구를 담당하며, 아래의 각 호에 해당하는 내용을 포함한다.

1. 과거 주요 재난사고에 대한 원인 규명과 향후 대책 권고 등과 관련하여 사후 대책 수립 및 이행 여부

2. 안전사회를 위한 시민들의 정책 참여 및 참여 구조 등에 대한 조사 및 연구

3. 다중 위험시설 및 관련 직업 종사자의 위험요인 등 안전에 대한 제보, 제안 접수, 법령 등 제도 개선, 정책 수립에 필요한 조사 및 연구

4. 정부와 지방자치단체의 시민안전 관련 부서와 재난 방지·대응 시스템, 안전정책 수립 및 실행, 제도 개선 등에 대한 조사 및 연구

⑤ 제3소위원회(치유·기억 소위원회)는 제3조 제2항 제5, 6, 7호의 업무와 이에 필요한 조사를 담당하며, 아래 각 호에 해당하는 사업을 하여야 한다.

1. 4·16 참사 희생자의 넋을 위로하고, 재난에 대처하는 경각심을 고양하는 기억 사업

2. '각종 기념일 등에 관한 규정'에 의거하여 4월 16일을 재난 방지의 날로 지정·추진하는 일

3. '항만법'에서 규정하는 각 항구 주요 출입구에 4·16 참사의 개요, 원인, 교훈, 재난 예방의 중요성 등을 담은 내용의 기억비를 설치 및 유지하는 일

4. 4·16 참사 내용을 재난 예방 방지 교육·훈련과 홍보 및 대책에 반영하는 일

5. 4·16 참사를 비롯한 대형 재난과 관련한 4·16 기억관을 건립 및 운영하는데 필요한 일

6. 제42조에서 정한 4·16 안전재단 설립에 필요한 준비 작업

⑥ 각 소위원회에는 해당 업무의 특성에 따른 전문가를 위원으로 반드시 포함시켜야 한다.

⑦ 소위원회 운영, 소위원회 상호 간의 업무 연계 및 조정 등에 관하여 필요한 사항은 위원회의 규칙으로 정한다.

제6조(위원장 및 위원의 임기)

① 위원장 및 위원의 임기는 제19조에 따른 위원회 활동 기간이 종료할 때까지로 한다.

② 위원 임기 중 위원이 결원된 때에는 결원된 날부터 30일 이내에 후임자를 추천하고, 대통령은 즉시 임명하여야 한다.

③ 결원이 된 위원의 후임으로 임명된 위원의 임기는 위원회 활동 잔여 기간으로 한다.

제7조(위원장의 직무)

① 위원장은 위원회를 대표하며 위원회의 업무를 총괄한다.

② 위원장이 부득이한 사유로 직무를 수행할 수 없는 때에는 위원장이 미리 지명한 상임위원이 그 직무를 대행한다.

③ 위원장은 제3조 제2항의 업무와 관련하여 대통령과 국회에 의안 제출을 건의할 수 있다.

④ 위원장은 위원회의 예산 관련 업무를 수행함에 있어서「국가재정법」제6조, 제40조의 규정에 의한 독립기관의 장으로 본다.

제8조(위원의 직무상 독립과 신분보장)

① 위원은 외부의 어떠한 지시나 간섭을 받지 아니하고 독립하여 그 직무를 수행한다.

② 위원은 다음 각 호의 어느 하나에 해당하는 경우를 제외하고는 그 의사에 반하여 면직되지 아니한다.

1. 신체 또는 정신상의 장애로 직무수행이 현저히 곤란하게 된 경우

2. 금고 이상의 형의 선고가 확정된 경우

③ 제2항 제1호의 경우에는 재적위원 3분의 2 이상의 찬성에 의한 의결을 거쳐 위원장의 제청으로 대통령이 면직한다.

제9조(위원의 결격사유)

① 다음 각 호의 어느 하나에 해당하는 자는 위원이 될 수 없다.

1. 대한민국 국민이 아닌 자
2. 「국가공무원법」 제33조 각 호의 어느 하나에 해당하는 자
3. 정당의 당원
4. 「공직선거 및 선거부정방지법」에 의하여 실시하는 선거에 후보자(예비 후보자를 포함한다)로 등록한 자
5. 4·16 참사에 직·간접적인 원인을 제공하여 조사 대상에 해당하는 자, 조사 대상자와 친족관계에 있거나, 일정한 이해관계를 갖고 있는 것으로 인정되는 자
② 위원이 제1항 각 호의 어느 하나에 해당하게 된 때에는 당연히 퇴직한다.

제10조(위원의 겸직 금지 등)

① 위원은 재직 중 다음 각 호의 어느 하나에 해당하는 직을 겸하거나 업무를 할 수 없다.
1. 국회의원 또는 지방의회의원
2. 다른 국가기관 또는 지방자치단체의 공무원(교육공무원을 제외한다.)
3. 그 밖에 위원회의 규칙으로 정하는 직 또는 업무
② 위원은 정당에 가입하거나 정치활동에 관여할 수 없다.

제11조(위원의 제척·기피·회피)

① 위원은 다음 각 호의 어느 하나에 해당하는 경우에는 해당 심의·의결에서 제척된다.
1. 위원의 배우자나 배우자이었던 자가 위원회 조사 대상에 해당하는 경우
2. 위원이 위원회 조사 대상자와 친족관계에 있었던 경우
3. 위원이 위원회 조사 대상에 관하여 진술, 증언이나 감정을 한 경우
4. 4·16 참사에 직·간접적인 원인을 제공하여 조사 대상이 된 자와 관련하여 위원이 그의 대리인으로 관여하거나 관여하였던 경우
② 구체적인 사안에 대하여 특정 위원에게 심의·의결의 공정성을 기대하기 어려운 사정이 있는 경우에 4·16 참사 피해자 단체는 위원회에 그 위원의 기피를 신청할 수 있고, 위원회는 의결로서 그에 대하여 결정하여야 한다.
③ 위원 본인은 제1항 각 호의 어느 하나 또는 제2항의 사유에 해당한다고 판단하는 경우에는 스스로 위원회의 심의·의결을 회피할 수 있다.

제12조(회의 의사 및 의결정족수)

① 위원회 및 소위원회의 회의는 해당 위원장이 주재하며, 이 법에 특별한 규정이 없는 한 재적위원 과반수의 찬성으로 의결한다.
② 위원회 의결에 있어 가부 동수인 경우에는 해당 위원장이 결정한다.

제13조(의사의 공개)

위원회의 의사는 공개한다. 다만, 위원회 또는 소위원회가 필요하다고 인정하는 경우에는 공개하지 아니할 수 있다.

제14조(사무처의 설치)

① 위원회의 사무를 처리하기 위하여 위원회에 사무처를 둔다.

② 사무처에는 사무처장 1인을 둔다.

③ 사무처장은 상임위원 중 1인으로 하며, 위원회의 의결을 거쳐 위원장이 임명한다.

④ 사무처의 직원 중 3급 이상의 공무원은 위원장의 제청으로 대통령이 임명하고, 4급 이하의 공무원은 위원장이 임명한다.

⑤ 사무처장은 위원장의 지휘를 받아 사무처의 사무를 관장하고 소속 직원을 지휘·감독한다.

제15조(사무처의 조직)

① 위원회에 근무하는 사무처 직원의 정원은 120명으로 정한다.

② 위원회에 두는 조사관(연구관을 포함한다.) 정원은 100명, 그 밖에 행정, 회계 등을 담당하는 직원의 정원은 20명으로 정한다.

③ 위원회는 감사원, 법무부, 안전행정부, 해양수산부, 문화체육관광부, 보건복지부, 경찰청, 해양경찰청 등 관계부처에 위원회 업무와 관련된 전문분야 종사 공무원 또는 조사관 파견을 요청할 수 있고, 요청 받은 관계부처는 1개월 이내에 신속하게 파견하여야 한다.

④ 위원회는 필요한 조사관을 충원하기 위하여 공채로 별정직 공무원을 충원할 수 있다. 공채로 채용하는 별정직 정원은 사무처 전체 정원 120명 중 3분의 1 이상으로 하여야 한다.

⑤ 위원회는 검사정원법에 따른 검사정원의 범위에서 검사 2명을 파견 받아 보직하게 할 수 있다.

⑥ 기타 조사관의 자격, 직급, 인원수 및 운영에 필요한 사항은 위원회 규칙으로 정한다.

제16조(자문기구의 설치 등)

① 위원회는 그 업무수행에 필요한 사항을 자문하기 위하여 자문기구를 둘 수 있다.

② 제1항의 규정에 의한 자문기구의 구성원은 해양법 관련 연구가, 해양 관련 전문 종사자, 문화·예술 관련 전문 종사자, 전문적인 지식과 경험을 가진 공무원, 사회 및 종교지도자, 시민사회단체를 대표하는 자 중에서 위원회의 의결을 거쳐 위원장이 위촉한다.

③ 위원회는 소위원회 별로 필요한 자문기구를 둘 수 있다.

④ 자문기구의 구성과 운영 및 위촉 등에 관하여 필요한 사항은 위원회의 규칙으로 정한다.

제17조(직원의 신분보장)

① 위원회 직원은 형의 확정, 징계처분에 의하지 아니하고는 그 의사에 반하여 퇴직·휴직·강임 또는 면직을 당하지 아니한다. 다만, 이 법 제8조부터 제11조는 직원의 경우에도 준용한다.

② 위원회 직원 중 파견 공무원을 제외한 소속 직원은 위원회가 활동을 존속하는 기간 동안 「국가공무원법」상 별정직 공무원으로서의 권한과 책임을 진다.

③ 위원회에 파견된 공무원은 그 소속 국가기관 또는 지방자치단체로부터 독립하여 위원회의 업무를 수행한다.

④ 위원회에 공무원을 파견한 국가기관 또는 지방자치단체의 장은 위원회에 파견된 자에 대하여 인사상 불리한 조치를 하여서는 아니 된다.

제18조(징계위원회의 설치)

① 위원회 직원의 징계처분을 의결하기 위하여 위원회에 징계위원회를 둔다.

② 징계위원회의 구성, 권한, 심의절차, 징계의 종류 및 효력 그 밖의 징계에 관하여 필요한 사항은 위원회의 규칙으로 정한다.

제19조(위원회 활동 기간)

① 위원회 활동 기간은 2년으로 정한다. 다만 위원회가 구성되고, 위원회가 실질적으로 활동할 수 있는 사무처 조직이 완료되는 시점부터 활동 기간을 기산한다.

② 위원회는 제1항에서 규정한 기간 이내에 활동을 종료하기 어려운 경우에는 기간 만료 3개월 전에 대통령과 국회에 보고하고, 그 활동 기간을 1년 이내의 범위에서 1회에 한하여 연장할 수 있다.

제20조(위원회의 구성 및 운영)

이 법에 규정된 것 외에 위원회의 구성 및 운영 등에 관하여 필요한 사항은 위원회 규칙으로 정한다.

제3장 위원회 권한

제21조(업무 원칙)

① 위원회는 제3조 제2항의 업무수행에 있어 업무수행 계획 수립, 청문회 진행, 조사 결과 등 제반 진행 내용에 대하여 공개하는 것을 원칙으로 한다.

② 위원회는 제반 업무를 수행하는 과정에서 피해자 단체를 비롯한 국민의 의견과 제안을

청취하고, 이를 존중하여 업무에 반영할 수 있도록 노력하여야 한다.

제22조(조사 개시 및 종결)

① 위원회는 제3조 제2항의 업무 내용에 대하여 지체 없이 직권으로 조사 개시 결정을 내리고, 필요한 조사를 하여야 한다.

② 4·16 참사와 관련된 각종 의혹, 범죄, 문제점, 내부고발 사항 등 위원회의 업무와 관련한 사항에 대하여 4·16 참사 피해자 단체를 비롯하여 누구든지 위원회에 관련 조사를 신청할 수 있다.

③ 위원회는 제2항의 조사 신청 사항을 조사에 적극 반영하여야 한다.

④ 위원회는 조사를 완료할 경우 해당 사안은 종결한다.

제23조(조사방법)

① 위원회는 조사를 수행함에 있어서 다음 각 호의 어느 하나에 해당하는 조치를 할 수 있다.

1. 조사 대상자 및 참고인에 대한 진술서 제출 요구
2. 조사 대상자 및 참고인에 대한 출석 요구 및 진술 청취
3. 조사 대상자 및 참고인, 그 밖의 관계 기관·시설·단체 등에 대한 관련 자료 또는 물건의 제출 요구 및 제출된 자료의 영치
4. 관계 기관·시설 또는 단체 등에 대하여 조사사항과 관련이 있다고 인정되는 사실 또는 정보에 대한 조회
5. 감정인의 지정 및 감정 의뢰
6. 관계 기관 등의 대표자, 이해관계인, 학식과 경험이 풍부한 자, 참고인, 증인, 감정인 등에게 출석을 요구하여 사실 또는 의견을 들을 수 있는 청문회 개최
7. 그 밖에 조사에 필요하다고 위원회가 의결한 사항

② 위원회는 필요하다고 인정할 때에는 위원 또는 소속 직원으로 하여금 제1항 각 호의 조치를 하게 할 수 있다.

③ 위원회는 그 의결로 위원 또는 소속 직원으로 하여금 4·16 참사와 관련된 장소 그 밖의 필요한 장소에서 관련 자료나 물건 또는 기관·시설 및 단체(이하 '기관 등' 이라 한다.)에 대하여 실지조사를 하게 할 수 있다.

④ 위원 또는 직원이 제1항 제2호의 규정에 따라 진술을 청취한 경우에는 「형사소송법」 제147조 내지 제149조 및 제200조 제2항의 규정을 준용한다.

⑤ 제3항의 규정에 의하여 실지조사를 하는 위원 또는 직원은 실지조사의 대상인 기관 등에 대하여 필요한 자료나 물건의 제출을 요구할 수 있으며 자료나 물건의 제출 요구를 받은 기관 등은 지체 없이 이에 응하여야 한다.

⑥ 제1항 제3호 또는 제5항의 규정에 의하여 필요한 자료나 물건의 제출 요구에 대하여는 「형사소송법」 제110조 내지 제112조, 제129조 내지 제131조 및 제133조의 규정을 준용하되, 자료나 물건의 제출을 거부하는 기관 등은 그 사유를 구체적으로 소명하여야 한다.

⑦ 위원회는 제6항의 규정에 따른 소명을 검토한 결과 이유가 없다고 인정되는 경우 위원회의 의결로 자료나 물건의 제출을 명령할 수 있다.

⑧ 위원회로부터 조사업무 또는 실지조사와 관련하여 자료 및 물건의 제출 명령을 받은 기관 등은 정당한 사유 없이 자료 및 물건의 제출을 거부해서는 아니 된다. 다만, 군사·외교·대북관계의 국가 기밀에 관한 사항으로서 그 발표로 말미암아 국가안위에 중대한 영향을 미친다는 주무부 장관(대통령 및 국무총리의 소속 기관에서는 해당 관서의 장)의 소명이 자료 및 물건의 제출 요구를 받은 날부터 5일 이내에 있는 경우에는 그러하지 아니하다.

⑨ 제8항 단서의 규정에 불구하고 자료 및 물건의 제출 요구를 받은 기관 등의 장은 위원회에 대해 해당 자료 및 물건에 한하여 열람할 수 있도록 조치를 취하여야 한다. 다만, 자료 및 물건을 열람한 위원회는 이를 공개하여서는 아니 된다.

제24조(상임위원 등의 지위와 권한)

① 위원회 제1소위원회 상임위원은 이 법 제4조 제2항 제2호의 자격을 갖춘 자로서 이 법이 정하는 조사 사건에 한하여 독립적인 검사의 지위 및 권한을 갖는다.

② 형사소송법, 검찰청법, 군사법원법, 그 밖의 법령 중 검사와 군검찰관의 권한에 관한 규정은 이 법의 규정에 반하지 아니하는 한 제1소위원회 상임위원의 경우에 이를 준용한다.

③ 위원회는 임의조사를 원칙으로 하고, 필요하다고 판단하는 경우 제1소위원회 상임위원으로 하여금 제1, 2항의 검사로서의 권한을 행사하게 할 수 있다.

④ 위원회는 다음 각 호의 경우에는 10일 이내에 대통령과 국회에 서면으로 보고하고, 법무부 장관에게 통지하여야 한다.

1. 위원회가 조사 결과 제1소위원회 상임위원으로 하여금 공소를 제기하기로 결정할 경우

2. 위원회가 조사 결과 검찰총장에게 공소 제기를 의뢰할 경우

3. 해당 사건의 판결이 확정되었을 경우

⑤ 위원회 제1소위원회 상임위원이 공소 제기한 사건의 재판은 다른 재판에 우선하여 신속히 하여야 하며, 그 판결의 선고는 제1심에서는 공소 제기일부터 6개월 이내에, 제2심 및 제3심에서는 전심의 판결선고일부터 각각 3개월 이내에 하여야 한다.

⑥ 위원회가 공소 제기를 결정하고, 위원회 활동이 종료된 경우 제1소위원회 상임위원은 공소유지에 필요한 기간 동안 검사로서의 지위와 권한을 유지하며, 정부는 필요 비용을 지출하여야 한다.

제25조(조사관의 권한 등)

① 위원회에서 조사관으로 임명받은 자는 「사법경찰관리의 직무를 수행할 자와 그 직무 범위에 관한 법률」에 의하여 이 법에 따른 조사업무에 한하여 특별사법경찰관리로 본다.

② 위원회로부터 조사에 필요한 각종 협조를 요청받은 관계 기관의 장이 정당한 사유 없이 이에 불응할 경우 위원회는 징계의결요구권자에게 관계 기관의 장에 대한 징계 절차를 개시할 것을 요청할 수 있다.

제26조(동행명령)

① 위원회의 조사 대상 해당자 또는 제25조의 청문회 대상 증인으로서 정당한 사유 없이 2회 이상 출석 요구에 응하지 아니하는 때에는 위원회의 의결로 동행할 것을 명령하는 동행명령장을 발부할 수 있다.

② 제1항의 규정에 따른 동행명령장에는 대상자의 성명·주거, 동행명령을 하는 이유, 동행할 장소, 발부 연월일 그 유효 기간과 그 기간을 경과하면 집행하지 못하며 동행명령장을 반환하여야 한다는 취지와 동행명령을 받고 거부하면 과태료에 처한다는 취지를 기재하고 위원장이 서명·날인하여야 한다. 대상자의 성명이 분명하지 아니한 때에는 인상, 체격 그 밖에 대상자를 특정할 수 있는 사항으로 표시할 수 있으며 주거가 분명하지 아니한 때에는 주거 기재를 생략할 수 있다.

③ 동행명령장의 집행은 동행명령장을 대상자에게 제시함으로써 한다.

④ 동행명령장은 위원회의 직원으로 하여금 이를 집행하도록 한다.

⑤ 교도소 또는 구치소(군교도소 또는 군구치소를 포함한다)에 수감 중인 대상자에 대한 동행명령장의 집행은 위원회 직원의 위임에 의하여 교도관리가 행한다.

⑥ 현역 군인인 대상자가 영내에 있을 때에는 소속 부대장은 위원회 직원의 동행명령장 집행에 협력할 의무가 있다.

제27조(청문회)

① 위원회는 그 업무를 수행하기 위하여 필요하다고 인정하는 경우 참고인, 증인, 감정인 또는 이해관계인으로부터 증언·진술의 청취와 증거의 채택을 위하여 그 의결로 청문회를 열 수 있다.

② 청문회는 공개한다. 다만, 위원회의 의결로 청문회의 전부 또는 일부를 공개하지 아니할 수 있다.

③ 제1항에 따른 청문회에서의 증언·감정 등에 관하여는 이 법에서 정한 것을 제외하고는 국회에서의 증언·감정 등에 관한 법률의 관련 규정(단, 제6조 및 제12조부터 제17조까지의 규정은 제외한다)을 준용한다. 이 경우 '국회'는 '4·16특별위원회'로, '안건심의 또는 국정감사나 국정조사' 및 '국정감사나 국정조사'는 '이 법 제3조 제2항의 위원회 업무'로, '본회의',

'본회의 또는 위원회' 및 '해당위원회'는 '위원회'로, '의장 또는 위원장' 및 '의장'은 '위원장'으로, '국회규칙'은 '위원회의 규칙'으로 각각 본다.

④ 제1항에 따라 위원회가 실시하는 청문회의 절차와 방법에 관하여는 위원회 규칙으로 정한다.

제28조(조사의 비공개)

위원회의 조사 및 심의는 비공개로 한다. 다만, 위원회의 의결이 있을 때에는 공개할 수 있다.

제29조(조사의 공표)

① 위원회는 조사 진행 도중에 공개가 필요하다고 판단되는 중요 사항에 대하여 조사 종결 전에도 그 내용을 공표할 수 있다.

② 위원회는 조사 개시 1년 이내에 중간 조사 결과를 공표할 수 있다.

제30조(보고 등)

① 위원회는 이 법에 따른 조사를 종료한 후에는 3월 이내에 이를 국회와 대통령에게 보고하여야 한다.

② 위원회는 제1항에 따른 보고 외에도 필요하다고 인정하면 대통령에게 특별히 조사보고를 할 수 있다.

③ 제1항의 보고서는 다음 사항에 대한 권고를 포함하여야 한다.

1. 4·16 참사 피해자 및 유족에 대하여 국가가 하여야 할 조치

2. 국가적, 사회적 재난 방지 및 안전사회 건설, 확립을 위하여 국가가 해야 할 조치

3. 법령, 제도, 관행에 대한 개혁 및 대책 수립에 국가가 하여야 할 조치

4. 안전사회에 대한 경각심 고취 및 대처에 대한 교육, 홍보에 관하여 국가가 하여야 할 조치

5. 그 밖에 이 법에 따른 목적 달성을 위하여 위원회가 필요하다고 결정하는 사항

④ 권고를 받은 정부 관계 기관은 위원회의 권고 내용을 이행하여야 한다, 만일 이행하지 않을 경우 그 이유를 국회에 서면으로 보고하여야 한다.

⑤ 정부 관계 기관이 위원회 권고를 정당한 이유 없이 이행하지 않는 경우 및 국회에 보고하지 않는 경우 국회는 징계의결요구권자에게 관계 기관의 장에 대한 징계 절차를 개시할 것을 요청할 수 있다.

⑥ 위원회는 제1항의 보고서를 공개하여야 한다. 다만, 국가의 안전보장, 관계인의 명예 또는 사생활의 보호를 위하여 필요하거나 다른 법률에 의하여 공개가 제한되는 사항은 공개하지 않을 수 있다.

제31조(조사보고서의 발간)
위원회는 제30조의 규정에 의한 조사보고 후 1월 이내에 위원회 전체 활동내용을 담은 조사보고서를 발간하여야 한다.

제32조(위원 등의 책임면제)
위원회의 의결에 따라 작성·공개된 조사보고서 또는 공표내용에 관하여 위원회 소속 위원 및 직원은 고의 또는 과실이 없는 한 민사 또는 형사상 책임을 지지 아니한다.

제33조(위원의 보호 등)
① 누구든지 위원·직원·참고인 또는 감정인에 대하여 폭행 또는 협박하거나, 위원·직원 또는 감정인에 대하여 업무상의 행위를 강요 또는 저지하거나, 그 직을 사퇴하게 할 목적으로 폭행 또는 협박을 하여서는 아니 되며, 위원 또는 직원의 업무수행을 방해해서는 아니 된다.
② 위원회는 조사 사건의 참고인이나 감정인의 보호, 관련된 자료의 확보 또는 인멸의 방지에 필요한 대책을 강구하여야 한다.

제34조(제보자 보호)
① 위원회는 조사 사건의 진실을 밝히거나 진실규명에 중요한 자료 등을 발견 또는 제출한 자 또는 관행적인 적폐에 대한 구체적 자료를 제공한 자에게 필요한 보상 또는 지원을 할 수 있고, 사면 대상으로 건의할 수 있다.
② 위원회는 제보자와 제보한 내용에 대한 비밀을 보장하여야 하며, 제보자의 개인정보가 노출되거나 제보에 따른 그 어떠한 불이익을 받지 않도록 필요한 모든 조치를 취해야 한다. 제보와 관련하여 조사 등에 협조한 사람의 경우에도 같다.
③ 위원회는 접수된 제보에 대하여 성실하게 조사하여야 한다.
④ 위원회는 제보자에 대한 보호, 보상, 지원의 내용과 절차 그 밖의 필요한 사항을 위원회의 규칙으로 정한다.

제35조(국가기관 등의 협조의무 등)
① 위원회의 업무수행을 위하여 국가기관 및 지방자치단체 등 관계 기관은 적극 협조하고 진실규명에 필요한 편의제공 의무를 진다.
② 위원회는 업무수행상 필요하다고 인정하는 때에는 그 업무 중 일부를 지방자치단체, 특수한 전문 분야 업체, 시민사회단체 등에게 위임하거나 또는 공동으로 수행할 수 있다.

제36조(공소시효의 정지 등)
위원회 조사활동이 개시된 때부터 조사가 완료되어 종결할 때까지 조사 대상 사건과 관련된 공소시효의 진행은 정지된다.

제4장 피해자 지원 등

제37조(피해자 및 유족 지원)

① 정부는 다음 각 호에 해당하는 대책을 수립·시행하여야 한다.

1. 4·16 참사 피해자 및 유족에 대한 보·배상금 지급
2. 4·16 참사 피해자 및 유족에 대한 생활지원 및 의료지원
3. 4·16 참사 피해자 및 유족의 정신건강 치료를 위한 트라우마센터의 설치 및 운영
4. 4·16 참사 피해자 및 유족의 자녀에 대한 교육지원·심리상담·돌봄 등의 서비스 지원
5. 경기도 안산시 단원고등학교의 교육정상화를 위한 지원

② 제1항의 각 호의 보상 등에 대한 구체적인 내용, 절차 등 필요한 사항은 대통령령으로 정한다.

③ 정부는 제1항의 업무 내용을 위원회에 위임할 수 있다.

제38조(보상 등의 특칙)

① 4·16 참사 유족은 민법에 의한 재산상속분에 따라 이 법에서 정한 보상 등을 지급받을 권리를 공유한다.

② 정부는 보상 등을 지급함에 있어 4·16 참사 피해자의 부모가 이혼한 경우 및 실제 양육자가 재산상속인이 아닌 경우에는 실제 양육자 및 부 또는 모의 실질적인 양육기여도와 기타 사정을 종합적으로 고려하여, 민법에 의한 재산상속분과 달리 결정할 수 있다.

③ 정부는 지급할 보상 등에서 이 법 시행 이전에 4·16 참사 피해자 및 유족에게 지급한 장례비, 의료비, 생활지원금 등은 명목여하를 불구하고, 기 지급한 금원임을 이유로 공제할 수 없다.

제39조(보상 등의 지급을 받을 권리의 보호)

이 법에 의한 보상 등의 지급을 받을 권리는 이를 양도 또는 담보로 제공하거나 압류할 수 없다.

제40조(조세면제)

이 법에 의한 보상 등에 대하여는 국세 및 지방세를 부과하지 아니한다.

제41조(보상 등의 환수)

① 정부는 이 법에 의한 보상 등을 받은 자가 다음 각 호의 1에 해당하는 경우에는 그가 받은 보상 등의 전부 또는 일부를 환수할 수 있다.

1. 허위 기타 부정한 방법으로 보상 등의 지급을 받은 경우

2. 잘못 지급된 경우

② 정부가 제1항의 규정에 의하여 환수를 하는 경우에는 국세징수의 예에 의한다.

제5장 재단 설립

제42조(4·16 안전재단)

① 정부는 위원회 활동이 종료되기 전에 4·16 안전재단(이하 재단이라 한다.)을 설립하여야 한다.

② 위원회는 활동 종료 전 재단이 설립되어 활동할 수 있도록 준비 절차를 주도적으로 완비하여 적극 지원하여야 한다.

③ 재단은 법인으로 하며, 독립성이 보장된다.

④ 재단에는 정관으로 정하는 바에 따라 임원과 필요한 직원을 둔다. 재단 임원 구성에 있어 4·16 참사 피해자 단체의 의견이 존중되어야 한다.

⑤ 재단은 다음 각 호의 사업을 한다.

1. 제5조 제4항, 제5항에 따른 사업의 관리·운영

2. 안전사회 확립을 위한 제반 정책 개발 및 제언

3. 국내 재난 관련 자료 수집·관리·보존·전시·교류·연구 사업

4. 외국의 대형 재난 극복 사례 등에 대한 수집·관리·보존·전시·교류·연구 사업

5. 재난 관련 문화·학술 활동 및 이에 대한 지원

6. 이 법 제30조 규정의 위원회 권고사항 이행 관련 업무

7. 이 법 제37조 규정 관련 업무

8. 4·16 참사 등 대형 재난으로 인한 정신적 피해 치유 관련 업무

9. 그 밖에 필요한 사업

⑥ 정부는 재단을 원활히 운영하기 위하여 필요한 경우 국유재산법에도 불구하고 대통령령으로 정하는 국유재산을 재단에 무상으로 양여할 수 있다.

⑦ 정부는 재단 운영에 필요한 비용을 지원하여야 한다.

⑧ 재단에 관하여는 이 법에서 정한 것을 제외하고는 민법 중 재단법인에 관한 규정을 준용한다.

제6장 보칙

제43조(자격사칭 금지)

누구든지 위원회의 위원·자문기구의 구성원·소속 직원의 자격을 사칭하여 위원회의 권한을 행사하여서는 아니 된다.

제44조(유사명칭 사용 금지)

위원회가 아닌 자는 4·16특별위원회 또는 이와 유사한 명칭을 사용하지 못한다.

제45조(추모단체 등에 대한 재정지원 등)

① 정부는 위원회의 심의·결정에 의하여 관련자를 추모하는 것을 목적으로 하는 4·16참사 피해자 단체에 대하여 사업비 등의 일부를 지원할 수 있다.

② 제1항의 지원을 받고자 하는 법인 또는 단체는 대통령령이 정하는 바에 의하여 위원회에 사업비 등의 지원을 신청하여야 한다.

제46조(관련자지원 단체조직의 제한)

누구든지 4·16참사 피해자 및 유족 또는 피해자 단체 등을 지원한다는 명목하에 영리를 목적으로 하는 단체를 조직하거나 단체적인 행동 또는 개인적인 활동을 하여서는 아니 된다.

제7장 벌칙

제47조(벌칙 적용에서의 공무원 의제)

공무원이 아닌 위원회의 위원 또는 직원은 형법 그 밖의 법률에 의한 벌칙의 적용에 있어서는 이를 공무원으로 본다.

제48조(벌칙)

① 다음의 각 호에 위반한 자는 3년 이하의 징역 또는 1천만 원 이하의 벌금에 처한다.

1. 제27조의 청문회에 정당한 이유 없이 출석하지 아니한 증인, 보고 또는 서류 제출을 거절한 자, 선서 또는 증언이나 감정을 거부한 증인이나 감정인

2. 제27조 청문회에 정당한 이유 없이 증인·감정인·참고인의 출석을 방해하거나 검증을 방해한 자

3. 제33조 제1항 규정을 위반하여 위원회 위원·직원·참고인 또는 감정인에 대하여 폭행 또는 협박한 자, 위원·직원 또는 감정인에 대하여 업무상의 행위를 강요 또는 저지한 자, 그 직

을 사퇴하게 할 목적으로 폭행 또는 협박한 자, 위원 또는 직원의 업무수행을 방해한 자
4. 허위 기타 부정한 방법으로 이 법에 의한 보상 등을 받거나 보상 등을 받게 한 자 및 그 미수범
5. 제46조를 위반하여 영리를 목적으로 단체를 조직하거나 단체적인 행동 또는 개인적인 활동을 한 자
② 다음 각 호에 위반한 자는 2년 이하의 징역 또는 1천만 원 이하의 벌금에 처한다.
1. 제27조 청문회에서 선서한 증인 또는 감정인이 허위 진술(서면 답변을 포함한다.)이나 감정을 한 때
2. 위원회의 조사와 관련하여 정보를 제공하였거나 제공하려고 한 자에게 불이익을 가한 자
3. 제43조 규정을 위반하여 자격을 사칭하고 위원회 권한을 행사한 자

제49조(과태료)
① 다음 각 호의 어느 하나에 해당하는 자는 2천만 원 이하의 과태료에 처한다.
1. 정당한 사유 없이 제26조의 동행명령에 응하지 아니한 자
2. 제44조의 규정을 위반하여 위원회 또는 이와 유사 명칭을 사용한 자
② 제1항의 규정에 의한 과태료는 대통령령이 정하는 바에 따라 위원장이 부과한다.
③ 제1항의 규정에 의한 과태료 처분에 불복이 있는 자는 그 처분의 고지를 받은 날부터 14일 이내에 위원장에게 이의를 제기할 수 있다.
④ 제1항의 규정에 의한 과태료 처분을 받은 자가 제3항의 규정에 따라 이의를 제기한 때에는 위원장은 지체 없이 관할 법원에 그 사실을 통보하여야 하며, 그 통보를 받은 관할 법원은 「비송사건절차법」에 의한 과태료의 재판을 한다.
⑤ 제3항의 규정에 의한 기간 이내에 이의를 제기하지 아니하고, 과태료를 납부하지 아니한 때에는 국세체납처분의 예에 의하여 이를 징수한다.

부칙

제1조(시행일)
이 법은 공포한 날로부터 시행한다.

제2조(위원의 임기 개시)
이 법에 의하여 임명된 위원의 임기는 임명된 날로부터 개시하는 것으로 본다.

우리는 잊지 않습니다